DIEL MAGALHÃES

E A

COBRA FUMOU

LVM
EDITORA

E a cobra fumou© Diel Magalhães
2025© LVM Editora

Os direitos desta edição pertencem à LVM Editora, sediada na
Avenida das Nações Unidas, nº 18.801, 4º andar, sala 407
Jardim Dom Bosco – São Paulo/SP – CEP: 04757-025
contato@lvmeditora.com.br

Editor-Chefe | Chiara Ciodarot
Editor | Marcos Torrigo
Assistente editorial | Felipe Saraiça
Copidesque | Adriana Alevato
Revisão ortográfica e gramatical | Fábio Oliveira
Capa | Mariangela Ghizellini
Projeto gráfico | Mariangela Ghizellini e Sara Vertuan
Diagramação | Sara Vertuan

Impresso no Brasil, 2025

Dados Internacionais de Catalogação na Publicação (CIP)
Angélica Ilacqua CRB-8/7057

M195e	Magalhães, Diel
	E a cobra fumou — Crônicas da Segunda Guerra Mundial / Diel Magalhães. - São Paulo : LVM Editora, 2025. 236 p. : il.
	ISBN 978-65-5052-279-7
	1. Guerra Mundial, 1939-1945 - Narrativas pessoais brasileiras 2. Guerra Mundial, 1939-1945 – Crônicas 3. História I. Título
25-1894	CDD 940.548

Índices para catálogo sistemático:
1. Guerra Mundial, 1939-1945 – Crônicas

E A COBRA FUMOU

CRÔNICAS DA SEGUNDA GUERRA MUNDIAL

DIEL MAGALHÃES

LVM Editora
São Paulo, 2025

FORÇA EXPEDICIONARIA BRASILEIRA

(Noticia ★ Historica)

NOTA DO EDITOR 11

PREFÁCIO 13

APRESENTAÇÃO 17

CAPÍTULO I
Da Guanabara ao Velho Mundo 19

CAPÍTULO II
Ver Nápoles e Sobreviver 33

CAPÍTULO III
Quando a Cobra Começou a Fumar 47

CAPÍTULO IV
Patrulhas na Terra-de-ninguém 67

CAPÍTULO V
O Avanço Sob Fogo e Medo 79

CAPÍTULO VI
O Pedido da Velha Senhora 91

CAPÍTULO VII
A Guerra das Palavras 101

CAPÍTULO VIII
Entre Tiros e Risadas 109

CAPÍTULO IX

Quando a Guerra Mudou Meu Destino   117

CAPÍTULO X

A Última Ordem: Liderar Até o Fim   129

CAPÍTULO XI

O Caminho de Volta   129

GLOSSÁRIO   159

ANEXO

Diário de Guerra Manuscrito   167

NOTA DO EDITOR

No início dos anos 2000, tive o primeiro contato com os escritos do meu tio avô, Diel Magalhães. Ele havia me revelado as suas crônicas de guerra, sabendo o quão apaixonada eu era por História. Lembro-me da primeira vez que li, em sua biblioteca em Ipanema, e a sensação de estar escutando as histórias ali escritas. Uma sensação que perdura ainda hoje ao relê-las — e acredito que o leitor sentirá o mesmo ao se deparar com toda a humanidade envolvida no grande conflito que elas retratam.

Como todo intelectual que se preze, Diel tinha muito orgulho das crônicas que havia escrito um ano após seu retorno do front (e revisado anos depois) acreditando que este era um legado para a sua família. Eu vou além. Não é um legado apenas para a família, mas para todas as famílias que tiveram parentes pracinhas, para todas as pessoas que se interessam por História, para aqueles que amam relatos reais que enlevam a alma e revelam o ser humano. Um legado de um homem que tinha consciência histórica e de que ele mesmo era parte de um momento histórico: a Segunda Guerra Mundial.

Um evento que não se imaginaria a participação dos brasileiros, ainda mais de homens que nunca tinham saído de suas cidades e foram enviados para o inverno italiano, a fim de reforçar os exércitos aliados. Como dizia o ditado popular da época, era mais fácil fazer uma cobra fumar... E os pracinhas fizeram.

E Diel Magalhães, com sua perspicácia, uma caderneta, uma caneta e uma máquina fotográfica, provou isso. Um rapaz de Teófilo Otoni, criado em meio a livros, que escrevia suas experiências entre batalhas, chegando a ilustrar uma cena ou outra que testemunhava. Foi com base nesse material, e nas fotos que tirava com sua velha câmera fotográfica, que ele escreveu suas crônicas, agora publicadas pela LVM Editora em homenagem aos oitenta anos do fim da Segunda Guerra Mundial.

Mantivemos o texto das crônicas o mais original possível por se tratar de um relato, inclusive deixando todas as nuances de ideias e expressões de uma pessoa nascida no início do século XX. Este livro ainda contém as fotos e a fotocópia manuscrita do diário, ou seja, fonte primária para historiadores e apaixonados por História, permitindo o leitor ter a experiência do momento histórico e levar consigo um legado memorialístico para ser passado às futuras gerações.

Chiara Ciodarot

PREFÁCIO

Depois de oitenta anos, a não menos do que heroica participação brasileira na Segunda Guerra Mundial ainda causa surpresa aos brasileiros que a desconhecem; o que dizer, então, das pessoas de outros países, nações — que combateram ou não — quando descobrem que o Brasil lutou ao lado das Forças Aliadas, enviando mais de vinte e cinco mil soldados para o front italiano?

Muitos também desconhecem o motivo que nos levou a declarar guerra ao Eixo: a agressão sofrida com dezenas de navios torpedeados em nossas águas territoriais pelos traiçoeiros submarinos nazifascistas, deixando um rastro de destruição e morte (mais de mil vidas inocentes) que chegou às praias do Nordeste naquele trágico agosto de 1942.

Esse espanto causado pelo assunto foi por mim constatado inúmeras vezes, depois de mais de vinte anos tentando manter viva a nossa participação no conflito, escrevendo livros e produzindo documentários. O meu interesse pelo tema se deve ao fato de que meu pai foi um "pracinha" da FEB, o que causou um profundo efeito em nosso seio familiar e em mim.

Também é surpreendente saber que existem muitos livros que tratam da participação brasileira no conflito. Desde obras escritas pelos comandantes e oficiais da Força Expedicionária Brasileira (a FEB), passando pelos suboficiais e mesmo pelos humildes "pracinhas", até ao considerável número de trabalhos de conclusão dos estudantes de História que mergulharam nessa temática nas últimas décadas, são muitos os relatos de quem esteve lá e viu "a cobra fumando".

Nesse valioso universo de depoimentos pessoais encontram-se as crônicas do terceiro-sargento Diel Magalhães. Entretanto, não se trata apenas de mais um registro da vivência intensa e cheia de percalços de um soldado em ação, mas dos relatos escritos por um jovem ilustrado, sensível e inteligente, que teve a capacidade de anotar detalhadamente as experiências pelas quais passou durante a guerra: desde o treinamento no Brasil, a viagem de navio até a Itália, a entrada em combate, a vivência no teatro de operações, o inverno rigoroso, o fogo inimigo, até o aguardado final do conflito e o retorno para casa.

Desta feita, essas crônicas do sargento Diel — baseadas em seu diário de guerra — que agora nos chega em sua totalidade, apresenta uma narrativa raramente vista no universo da participação brasileira no maior conflito da História, o que aumenta exponencialmente seu valor quando a grande maioria das testemunhas oculares da guerra, depois de sobreviverem ao combate, chegam agora aos últimos estágios da inclemente batalha contra o tempo.

Daqui em diante, cabe a nós manter viva a lembrança dos esforços e sacrifícios que os brasileiros empenharam na defesa da democracia e na construção do mundo livre — lições para que jamais se repitam os erros do passado. Tenho certeza de que essa era a intenção do sargento Diel Magalhães ao deixar seus escritos para a posteridade.

João Barone

APRESENTAÇÃO

Atendendo a um convite da *Revista Boletim Shell*, em 1946, para publicar o meu diário de guerra proponho agora esboçar uma pequena série de crônicas sobre a vida e os fatos que vivi no fronte de operações na Itália.

Para definir melhor o espírito destas crônicas, recorro a um pensamento de John Steinback, o escopo das minhas crônicas para o leitor, passados tantos anos da Segunda Grande Guerra da qual participei como jovem e idealista. Escreveu ele:

> *Existem realmente duas guerras. Há a guerra de mapas e da lógica, de campanhas, divisões e regimentos — esta é a guerra do general Marshall. Há a guerra da saudade, da canseira, das diversões, da violência, de homens em comum que lavam suas meias em seus capacetes, queixam-se das comidas, assobiam as pequenas e alojam-se pelas imundícies tão infectas de que jamais o mundo teve notícia, e no entanto, fazem-no com humor, dignidade e camaradagem.*

Finalizo citando Napoleão Bonaparte, com uma frase que traduz com precisão o espírito dessas narrativas: "Os soldados ganham as batalhas e os generais recebem o crédito."

Diel Magalhães

CAPÍTULO I

Da Guanabara ao Velho Mundo

As narrativas dessas páginas serão simples, sem o colorido romântico ou sentido cinematográfico capaz de saciar os espíritos novelescos. Aqui e ali aparecerá uma palavra, um dístico próprio do "pracinha" tal qual era o seu vocabulário, óbvio, irônico e irreverente, fruto da sua alma inconformada de uma situação não esperada: lutar numa guerra, em um país estranho, onde ele ironicamente dizia "A cobra está fumando..." — cobra esta, armando o seu bote com um cachimbo na boca, que pela sua popularidade entre os pracinhas tornou-se o símbolo da FEB; e todos a usavam, dos oficiais aos soldados, com a palavra "BRASIL" pregada na manga esquerda do uniforme.

Minha pretensão, portanto, não é o puritanismo literário, mas atingir a sinceridade do coração simples e magnânimo do brasileiro que participou comigo no teatro de operações na Itália.

Ainda me ocorre que, procurando descrever a vida diária do "pracinha" sem expressar seus mais íntimos pensamentos e suas explosões seria monótono, injusto, devido à sua espontaneidade. Assim resolvi satisfazer a curiosidade dos amigos que aqui ficaram, respondendo a cada pergunta de cada um deles tornando-as o escopo das crônicas.

"Vocês fizeram boa viagem?" Sim! Penso que, em tempos de guerra, jamais poderia esperar coisa melhor. Naturalmente que em um transporte de guerra a vida é algo diversa da que levaríamos em um transatlântico em viagem de recreio...

Nesta primeira crônica, vou lhes contar: *a viagem*!

Quando embarcamos no navio de transporte americano *General Mann*, minha curiosidade era tão grande quanto as minhas preocupações. Para cada um de nós, tudo era novidade, pois nosso treinamento básico no Brasil já havia terminado há algum tempo.

As atividades e o treinamento consistiram na prática física e no estudo de manuais americanos para nos adaptarmos aos conhecimentos dos combates modernos. O Exército Brasileiro sempre foi treinado pela organização militar francesa e não estava preparado para atuar junto às unidades americanas com as quais teríamos que entrar em operações. Para cumprir este programa de adaptação, foram convocados soldados, oficiais da reserva e estudantes universitários para fazerem as traduções desses manuais e também para integrarem o corpo da FEB, nas áreas de transmissão, engenharia, serviço médico e dentário.

Depois desse período estafante, que durou mais de um ano e meio, seguir para a Europa parecia-me, paradoxal e logicamente, um passo a mais na direção da nossa meta final — ou seja, voltar aos nossos afazeres civis e atividades do tempo de paz.

Nosso barco, completamente lotado, iria conduzir o 2º escalão, pois o primeiro partiu em 2 de julho. Estava integrado em um comboio com formidável escolta e, no mesmo comboio, o 3º escalão seguia no transporte *M.C.Meighs,* partindo rumo ao desconhecido no dia 22 de setembro de 1944. Deixamos a Guanabara à tarde, e as encostas verdes de Niterói e, depois, o Cabo Frio, com suas escarpas já apagadas pelo crepúsculo. Nesse momento, tive um estranho impulso. Olhei ao redor e vi fisionomias que nada exprimiam. De vez em quando, com um encolher dos ombros, alguém comentava quase sem emoção: "É, a cobra fumou mesmo..." — dizia o pracinha entre o preocupado e também o curioso quanto ao futuro que lhe esperava.

A vida a bordo sob a rígida e sadia disciplina aos poucos foi descendo sobre nossa gente — cerca de 5.075 soldados e oficiais — como um manto protetor, dando-nos, aos poucos, uma sensação de segurança. Eu, francamente, nunca supus que viesse a sentir algo assim — e que, mais tarde, teríamos a oportunidade de pôr à prova. O alto-falante de bordo fazia-nos movimentar, parar, comer, descansar e... divertir. O nosso destino era desconhecido até então. Tudo se resumia em aguardar as decisões daqueles pequenos tiranos de forma de funil pregados pelas paredes e cantos dos corredores.

Pela manhã, era o toque de alvorada; em seguida o do rancho (duas vezes ao dia para os oficiais e, para os pracinhas, três vezes — incluindo a polícia de serviço, o pessoal das galerias, da faxina, das cozinhas e despensas). As ordens cruzavam o ar, instruindo aquela multidão sobre onde andar, onde estacionar, recomendavam limpeza, chamavam alguém, faziam anúncios de achados e perdidos, alertavam contra os perigos de incêndio e convocavam para os serviços religiosos. "Não pare, conserve sempre a sua direita!" *Lá adiante, esbarrava-se com um policial que* dizia "Aqui não se passa... Volte!".

À primeira hora da tarde soava o alarme para o início do exercício de abandono do navio. O salva-vidas, de uso obrigatório até no banheiro, por ter a forma de colete e por ser um pouco incômodo

Diel Magalhães em embarcação

de transportar, foi logo apelidado de "morcego" ou "viúva alegre."

Algumas vezes era uma chamada no alto-falante para um ou outro tripulante e, como o pracinha não entendia bem o inglês, era motivo de troça. Frequentemente eram chamadas pessoas para o camarote 222, e quando feita em inglês soava em algo como "tututu". "Oh Deus! O nosso tutu...", exclamava o pracinha, "Quanta saudade do velho feijão com arroz lá do quartel!". O arroz de bordo, feito à moda da casa — isto é, a do navio —, por ter uma consistência mais pastosa e sem sal era conhecido como "sempre unidos" ou "unidos venceremos".

A exclamação "alarme geral", em inglês *general alarm*, foi logo deturpada e associada ao democrático coronel *yankee* encarregado da segurança de bordo. Sem cerimônia, o pracinha apelidou-o de General Alarme. O pseudo general, sempre alegre e bonacho, por seu turno, ofereceu um prêmio de US$ 100 dólares ao primeiro que avistasse a linha do Equador. E, no boletim de bordo, mandou publicar um aviso mencionando um possível abalo no navio quando teria suas hélices embaraçadas na "linha".

Num ambiente onde imperava franca camaradagem e cordialidade, invadimos os domínios de S.M. (Sua Majestade) o Rei Netuno com sua Corte Real, que veio "julgar" os audaciosos invasores dos seus domínios no dia 27 de setembro. Foi quando o nosso

Comandante do Escalão, general Cordeiro de Faria, foi devidamente barbeado pelo barbeiro de S.M Rei Netuno com uma navalha de madeira enorme.

As nossas gírias e vocabulários também passaram as ser usados pelos americanos enquanto o pracinha só falava em *"let's go"*, *"an apple"*, *"please"*.

O passatempo favorito era o baralho, a batucada e o inesperado radar. Horas a fio, deitados de papo "pro ar", passávamos a olhar o aparelho em sua constante vigília sobre a imensidão das águas. Acostumados com o nosso passatempo favorito, a ele ficamos gratos quando o vimos repetidas vezes parar e sondar uma determinada direção e, ainda mais, à incompreensível troca de sinais entre os *destroyers* e o nosso transporte. Subiam e desciam bandeirinhas coloridas no mastro de comando enquanto os *destroyers* aumentavam a velocidade, quebrando a formação primitiva. Ninguém sabia interpretar tais manobras. Enfim veio a explicação para toda aquela confusão por uma voz pausada através do alto-falante: "Nosso comboio entrou em contato com submarinos inimigos! Mantenham-se calmos!"

A segurança que nos era transmitida daqueles formidáveis *destroyers*, que há tantos dias víamos à nossa direita e à esquerda, dava-nos uma confiança cega — e o pracinha dizia: "O alemão não é besta de topar esta parada". E não topou mesmo, porque nada mais vimos ou ouvimos, e tudo voltou à serenidade de antes. Naquela noite, às 18 horas, ao toque de escurecimento do navio, todos estavam tão confiantes quanto na noite anterior — e nas demais.

Lá embaixo, em compartimentos estanques sob a linha d'água, passaríamos mais doze horas sob a luz vermelha do *blackout*. Mais uma noite suando, suando, suando...

A rotina no navio era muito monótona. Começava em torno de 5h30 com a alvorada. Cada soldado tinha um cartão com cores e números, identificando a sua turma e horário para o refeitório para as duas refeições diárias. Em fila, apresentava o cartão, que era picotado a fim de evitar que tomasse mais de uma refeição. Quando o último soldado terminava a sua refeição, no início da tarde, entravam aqueles que comeram no início da manhã para a segunda e última. Este rodízio durava 12 horas. As horas restantes do dia, quando começava a escurecer, eram passadas nos alojamentos. Entre as duas refeições e a hora das faxinas, o tombadilho ficava apinhado de soldados, vendo o mar e os radares ou, então, depois da primeira refeição, em filas para um banho de água salgada.

Numa tarde alguém descobriu no horizonte o contorno incerto de terra. TERRA!!! O grito correu célere por todo o navio. Até o pracinha que dormitava no seu beliche no fundo do compartimento 404-L, resmungando contra o calor e o suor escorrendo pelo seu tórax, despertou como de um sonho letárgico. Eu tive a sensação de ser um moribundo sob a ação benéfica do oxigénio. Há dez dias só víamos mar... mar.... mar. Agora, quase distintamente, via-se uma série de montanhas escuras.

É bem verdade que, no dia anterior, recebemos um manual de frases feitas do inglês para o italiano — e esta era a pista que nos indicava o nosso destino final: a Itália, onde já havia desembarcado o primeiro escalão, ou talvez uma colônia italiana na África.

A terra avistada era parte da África — ou melhor, o Marrocos Espanhol. Na manhã anterior, o deck do navio havia amanhecido coberto com uma tênue camada de poeira vermelha e alguém explicara que era areia do deserto do Saara trazida pelo vento. Dentro em pouco tempo, poderíamos avistar o famoso Gibraltar, mas havia muito a navegar, e somente ao escurecer percebemos uma luz fraca que acendia e apagava periodicamente. Num instante, apareceram mapas e entendidos em geografia, porém, depois de algumas discussões, ficou decidido que aquela luz era o farol do Cabo Espartel.

Finalmente, entramos no estreito. Lá estava Tanger, Ceuta num mar de luzes e a fortaleza de Gilbratar com seu farol e luzes vermelhas, onde certamente os sentinelas de John Bull, impassíveis, faziam a sua ronda. Tive a impressão de que aquele vulto no escuro nada mais era que um enorme urso. Tudo aquilo era tão estranho e excitante que mal sentia o frio cortante. Até o céu, que pela primeira vez víamos desde o início da viagem — sempre no *blackout* —, era tão diferente... Já não havia Cruzeiro do Sul e naquele mundo celeste tão diverso do nosso, os pseudo astrônomos identificavam a cada momento a Estrela Polar. O comandante do navio, por concessão muito especial, nos permitiu ficar na coberta, sob a promessa formal de não acender um fósforo sequer. Eu olhava o mar e o via de uma tonalidade diferente, um azul profundo. Era então o Mare Nostrum!

Passaram-se mais dois dias e meio e novamente vimos terra, agora, na nossa frente. Era a famosa ilha de Capri, como se fosse um enorme bloco de chocolate cortado por uma faca gigante. Pelas encostas, casinhas perigosamente equilibradas nos recantos dos rochedos enchiam-nos de espanto — e se me permitem a comparação culinária, pareciam amêndoas encravadas naquele bolo de paz e encantamento. Por trás de uma das encostas verdejantes surgia uma aldeia — para nós, iniciantes do italiano, era um *paese*, palavra já introduzida no nosso vocabulário. "Puxa!", disse alguém, "para ir até lá não é fácil. O italiano já não tem onde morar. E que murro (dificuldade) que um camarada não dá para ir para casa". Para uns deveria existir um elevador, para outros, só mesmo a corda ou o braço, mas todos concordavam "que o lugar era ideal para morar com a cabocla".

Dali a Nápoles foram mais algumas horas ainda. Na baía de Nápoles, à nossa frente, o Vesúvio. Não um Vesúvio arrogante como a minha imaginação criara, mas um velho e batido, cansado e desmoralizado pelo ruído da guerra, com as frias lavas pelas encostas como se fosse um olho vertendo lágrimas. Pobre coitado já não causava medo e sensação. "Ué? É um morro, liso e escuro, sem a cabecinha... mas cadê a fumacinha?" E por outro lado vinha logo a resposta irresponsável e humorística do pracinha: "É que, para fazer a guerra, Mussolini requisitou todo o estoque de carvão das caldeiras que produziam fumaça para o Vesúvio. Também não há mais turismo, e pra que esse luxo..."

O navio manobrou para a esquerda em direção ao molhe, e tive a visão do porto: uma porção de navios adernados, retorcidos pelos incêndios, meio submersos. De vez em quando uma ponta de mastro, como uma cruz, indicava cristãmente o fim de uma belonave. Passamos por um sujo cargueiro canadense. Tudo mais ou menos numa monotonia sinistra.

Finalmente, algo despertou atenção de todos!

Alguma coisa nova, impressionante, algo maior que o Vesúvio?

"Olha lá! Olha lá!", exclamaram todos. Fiz uma tremenda ginástica, fui espremido junto à murada do navio, e não consegui perceber nada de extraordinário, o que comentei. "Mas será possível? Viva, salve ela!", diziam. Ahnnn, percebi que na nossa direção navegava um pequenino barco de pesca e, no seu interior, uma pequena *bionda* — a loira italiana que mais tarde se apaixonaria pelos morenos pracinhas, e também os detestava quando os pracinhas ofertavam os nossos cigarros (história que será contada mais adiante).

3º Sargento Diel Magalhães

Ver Nápoles e Sobreviver

Nápoles já estava aos nossos pés havia algumas horas e até então só víamos instalações portuárias destruídas. Em um momento me veio à mente um ditado muito conhecido no Brasil sobre a beleza de Nápoles: "Ver Nápoles e depois morrer..." Num pensamento algo pessimista, pensei logo: "Estou vendo Nápoles e será que vou morrer nessa guerra?"

Ali estava uma Nápoles, suja, destruída, humilhada, abandonada, com o sopro da guerra envolvendo a todos. Sem alegrias das canções napolitanas cantadas por todo o mundo, só se via no cais pessoas autorizadas ou trabalhadores vigiados por PMs, armazéns bombardeados, instalações destruídas.

À tarde, a vigilância caía um pouco e um ou outro vagabundo chegava perto do navio. Se um cigarro ou uma barra de chocolate eram atirados de bordo, eram ferozmente disputados. Recordo-me de um soldado que comia um cachorro-quente junto da murada e, não querendo comê-lo mais, atirou-o para o cais. Instantaneamente, homens e crianças correram para apanhar o pão e a salsicha numa disputa voraz.

A miséria e o desespero estavam estampados naquelas caras pálidas, esfomeadas. O povo, privado de qualquer recurso para sobreviver, fora levado à depravação moral. Era comum ouvir paisanos convidando os soldados, dizendo: *"Aspetta soldato, attenzione... Vieni fare fic-fic con mia sorella, lei è molto buona, giovane"* [Hey, soldado, olha aqui...Venha fazer fuc-fuc com a minha irmã, ela é muito boa, jovem].

Durante quatro dias esperamos na região de Nápoles os caminhões para nos levar ao norte, para uma área de reunião onde deveríamos receber equipamentos, armamentos e uma peça de uniforme diferente do nosso — que seria uma jaqueta de combate americana, o *field jacket*, de cor de terra, para nos diferenciar dos alemães, que também usavam uniforme verde oliva. O nosso uniforme nos lembrava a tendência brasileira herdada do integralismo e da simpatia então existente no Brasil pela Alemanha antes de entrarmos na guerra.

Pracinhas

Diel e companheiros
30 de janeiro de 1945

Nessa próxima posição, receberíamos instruções e treinamento finais antes de entrar na linha de fogo. A minha Companhia, a 4ª do II Batalhão do Regimento Sampaio, deixou o navio e deslocou-se para região de Bagnoli, próximo a Universidade Pré-Militar Fascista. Naquele local, ficaríamos por alguns dias até que chegassem os caminhões e o tempo necessário para que nosso navio esvaziasse os seus porões de nossas bagagens e tomasse decisões de partir em nova missão de transporte de tropas.

Na sala da Red-Cross, ocupada pelo Serviço Social, podíamos encontrar material de relatos sobre como se comportava a sociedade existente na cidade. Aqueles que falavam inglês ouviam as façanhas dos heróis de Tobruque ou faziam amizade com GIs americanos, ou com os ingleses, ou trocavam algumas getulinhas por dólares ou franco argelinos. Falávamos toda sorte de assuntos, do Brasil, do futebol, do baseball e do cinema. Os veteranos do Norte da África falavam das saudades dos entes queridos, da nostalgia do descanso que estavam curtindo. Nosso interesse pela língua italiana era cada dia maior, pois muitos não conheciam o idioma — e só tomamos conhecimento que iríamos para a Itália por conta do livreco inglês-italiano, onde se podia usar frases feitas para conversação. Eu, particularmente, procurava falar com os paisanos para aprender o vernáculo local e dialetos úteis, uma vez como homem de transmissão, poderia colher informações no decorrer das operações de combate. A experiência desses primeiros contatos me valeu bastante para conseguir orientações no Norte, para onde iríamos.

Nos Apeninos, onde a FEB iria atuar substituindo baixas do 5° Exército Americano, o inverno era muito rigoroso, com neve diária de oitenta centímetros de altura que — assim nos contavam — fazia com que as estradas ("*stadi mulattieri*") desaparecessem. Para se orientar, com as cartas geográficas inúteis, sem uma identificação segura, só com a orientação dos paisanos é que podíamos achá-las. Para conseguir tais informações, o chocolate e cigarros eram as moedas correntes nesses entreveres. O italiano apreciava o chocolate, o cigarro e o café brasileiro, que era vendido ou trocado pelos cozinheiros, mesmo que fosse a borra do café após ser coado. Os italianos usavam uma mistura de chicória com milho para fazer a infusão. Terrível!

O cigarro americano Camel, distribuído na ração de combate, era apreciado. Porém o brasileiro da marca Yolanda, que mostrava a figura de uma mulher loira, depois de tragado o italiano tossia e dizia: "*Non bionda cattiva!*" ["Não, loira m*á!*"]. Ouvíamos coisas espantosas sobre os alemães que saqueavam, depredavam os *contadini* [camponeses] requisitando-lhes os animais, como galinhas, mulas e bois, alimentos como a batata, a castanha e desde que entraram na Sicília, recuando da África.

Por uma decisão estratégica do Alto Comando Alemão, as tropas nazi-fascistas deveriam oferecer todo esforço de combate dentro do solo italiano para que as 23 divisões aliadas integradas no 5º Exército Americano e no 8º Exército Britânico não fossem transferidas para outro fronte — possivelmente para o Sul da França, o que aumentaria a pressão naquele território. Os aliados avançavam sobre Berlim no fronte ocidental, que também era pressionada pela Rússia no fronte oriental. Desse modo, as tropas vindas da África do 5º Exército Americano e do 8º Exército Inglês deveriam ser mantidas no território italiano o quanto fosse possível.

Para que essas tropas nazistas na Itália não se rendessem a pressão aliada, os comandos na frente eram exercidos por oficiais da SS — embora os soldados fossem veteranos dos frontes russo e polonês. Exaustos, esses soldados presos ao exército sob ameaças de que seus familiares seriam mantidos como reféns na Alemanha, não podiam desertar. Ficavam coagidos, mas sabiam que a guerra estava começando a ser perdida em todas as frentes.

Sem petróleo, pouca comida e agasalhos, os alemães ofereciam resistência nas montanhas — e os camponeses italianos pagavam por essa desvantagem. Depois de Roma, a pressão aliada aumentou com os dois Exércitos e a resistência final teria que ser nos Apeninos, com o rigoroso inverno implacável. E era para lá que nós, brasileiros, estávamos indo para cobrir falhas do 5° Exército Americano.

Finalmente, fomos transferidos para o Norte, por via marítima, em lanchas de desembarque LCI. Saímos pela manhã passando ao largo da ilha de Sardenha. Na viagem, alguém conseguiu um disco brasileiro e assim tivemos os primeiros momentos de alegria ouvindo sambas e batucadas brasileiras. Ainda assim, nesses momentos a guerra era levada sem a violência que teríamos que enfrentar mais tarde...

A princípio, os barcos jogavam um pouco. Depois o mar começou a ficar mais agitado e as proas das embarcações mergulhavam nas ondas e eram lançadas para o alto. Deste instante em diante, todos começaram a enjoar — inclusive os marinheiros. Era uma dança do barco com o mar e das pessoas que corriam para conseguir um lugar na amurada para botar para fora o que restava no estômago. O odor foi aumentando porque uma parte dos soldados não conseguia chegar na borda e se aliviava pelo convés. O alinhamento dos barcos tinha que ser mantido, por questão de segurança e navegabilidade. Em um determinado momento, as nuvens da chuva começaram a baixar e subitamente vimos cerca de oito ou nove trombas d'água, que giravam sobre a

Refúgio de Mezzalama - val d'Ayas (3050 mts)

Cápsulas de canhões dos tanques antiaéreos e trincheiras

superfície do mar como bailarinas — um espetáculo inusitado e aterrador para nós.

À tarde, chegamos ao porto de Livorno, onde os navios ancorados eram protegidos por balões contra os ataques aéreos dos aviões inimigos.

Em Livorno, havia mais desolação.

Chovia e fazia frio, e pelo chão se viam cápsulas dos canhões dos tanques, dos antiaéreos e trincheiras, pois aquela posição estratégica havia sido tomada há pouco tempo.

Com o saco "A" nas costas, começamos a nos dirigir a uma enorme fila de caminhões à nossa espera.

Vou fazer uma pequena interrupção para explicar a questão dos sacos. Cada soldado possuía dois sacos de lona verde. O saco "A" que acompanhava o soldado quando este avançava no fronte. Ficava próximo dele, geralmente onde se acantonavam as cozinhas das companhias. Nele guardávamos uma muda de roupa íntima, cobertores, meias e aparelho de barbear. No saco "B" ficavam as roupas extras, livros, recordações de casa, cartas e o material para respondê-las, e este ficava em um depósito, em um lugar mais distante, ao alcance do soldado quando ele fosse repousar ao ser substituído no fronte — cerca de 5 quilômetros da frente de combate.

Com a experiência posterior adquirida, vestíamos todas as roupas possíveis para aliviar o peso. Assim, usávamos ao mesmo tempo duas cuecas de lã e duas camisetas, e quando sentíamos que, devido ao uso deveriam ser trocadas — o que, evidentemente, não poderia ser diariamente — a peça interna junto ao corpo era trocada pela de fora, e vice-versa. A inversão aliviava o corpo do contato da peça usada, mas o odor continuava presente. Um banho acontecia a cada 15 dias, quando estivéssemos na reserva e junto ao saco "B". Nesse evento higiênico, muito aguardado, aqueles que se apresentavam com a pele escura, depois do banho com água quente, apareciam pálidos como se houvessem saído de um hospital.

Dos quatro cobertores que nos forneceram, um deles era realmente usado. Os outros cortávamos em tiras para proteger nossos pés. Com o nosso progresso para o Norte da Itália, verificamos que os pés muito protegidos, apertados dentro da *combat--boot*, sentiam falta de circulação e ficavam azulados e inchados — o que os médicos denominavam de "pé de trincheira". A solução aconselhada era que abandonássemos as tiras de cobertor ou palha de feno dentro das botas colocando, ao invés, uma meia de náilon e muito talco dentro delas.

Em San Rossore, próximo de Pisa, recebemos equipamentos com um considerável atraso e a tal jaqueta americana de cor de terra, para disfarçar os nossos uniformes que eram de cor verde-oliva — exatamente iguais aos dos soldados alemães. Recebi

Saco
de dormir.

Março de 1945,
"depois da alvorada,
a primeira higiene
matinal,... ao fundo a
minha fox hole"

Parte da equipe de transmissão

Diel M. lendo a carta enviada por sua mãe, maio de 1945

os rádios *walkie-talkie* que tinham um raio de ação de dois quilômetros, os telefones de campanha, bobinas de fios, canivetes, lanternas usadas para emendar linhas telefônicas no escuro, equipamento para subir em postes e todo o material de transmissão e de decodificação. Eu iria comandar doze soldados treinados para fazer a telefonia funcionar sob fogo de artilharia inimiga, no âmbito da minha Companhia.

Pela primeira vez recebemos correspondência do Brasil. A mala postal chegou em uma noite fria, distribuída à luz de velas ou lampiões, em meio à ansiedade. "Será que vou ter notícias?" Fui feliz porque chegou às minhas mãos uma carta da minha mãe contando as novidades, falando das saudades de todos e acrescentando que, naquela data, chovia no Rio. A notícia se espalhou como se uma chuva no Rio de Janeiro fosse um fenômeno. Mas saber que a nossa cidade fora mencionada parecia uma notícia muito especial para aqueles que não tinham recebido a sua carta.

Aliás, as cartas de cada um eram lidas pelos amigos — um costume que satisfazia e nivelava a todos. Os parentes ficavam comuns. Qualquer novidade, por mais ingênua que fosse, se transformava em uma bênção para os saudosos soldados, mesmo que a correspondência não fosse a ele endereçada.

Diel e amigos

CAPÍTULO III

Quando a Cobra Começou a Fumar

Recebemos nosso armamento. A minha missão, dentro da minha companhia, e no batalhão, seria uma das mais espinhosas porque, nas montanhas, os rádios *walkie-talkie* têm um alcance pequeno e sofrem interferências dos inimigos e as ligações efetivas, sigilosas, têm que ser feitas por linhas telefônicas. Para mantê-las funcionando — onde os fios são frequentemente rompidos pela artilharia inimiga — as ligações têm que ser mantidas mesmo sob bombardeio. Os fios correm pelas estradas e quando um obus os arrebenta, o reparador da transmissão tem que encontrar as duas pontas correspondentes e ligá-las. Devido as circunstâncias do bombardeio, às

Front Riola, janeiro de 1945, teste de um cabo telefônico reparado em alguns minutos.

"Os meus garotos", turma de telefonistas e rádio da 4 companhia II, 1º R.I - Raia, Lopes, Lima, Chagas, Quirino e Diel.

explosões e à terrível confusão, o reparador tem que encontrar as pontas dos fios corretamente, porque senão o Comando da Infantaria falará com a cozinha e não com a Artilharia — ou então o Hospital falará com a oficina mecânica, e não com o Serviço de Suprimento, em busca de gazes e remédios.

A decisão de uma ordem de comando tem que ser transmitida entre os Postos de Comando, de qualquer forma, pelo telefone. O rádio sofre interferências, não é sigiloso e nunca pode ser postergado. Para não serem percebidos pelos observadores inimigos, as tarefas dos homens de transmissão têm que ser feitas por dois homens, carregados com bobinas de fios, alicates, telefones de teste — praticamente sem uma arma de defesa e ainda disfarçados com capote branco igual à neve.

Pelo que se depreendia dos relatórios e das informações dos oficiais que estiveram alguns dias na frente de combate, a impressão a que chegamos foi que a nossa guerra seria uma guerra de espionagem e guerrilhas.

O fronte, na ocasião, se apresentava tendo, de um lado, a direita da bota italiana, o flanco do 8° Exército Britânico e o mar Adriático; e do lado esquerdo, o 5° Exército Americano, onde a Força Expedicionária Brasileira foi integrada dentro do 4° Grupo de Exércitos ao longo dos mares Mediterrâneo e Ligúrico. Os americanos faziam uma guerra de

Inverno italiano

Inverno de 1945, Monte Cavallo, Front Riola, Frota 64, tenente Nogueira, Sargentos Wilson e Edgar

Geleira vista de Breithorn

Crista Oriental Monte Castore

artilharia, e os brasileiros que vinham pelo centro desde que o primeiro escalão da FEB entrara em ação pelo Vale do Serchio, Camaiore e Monte Prana — davam apoio a ambos os exércitos pelos flancos.

Do outro lado, os alemães ofereciam uma resistência feroz sempre nas posições elevadas e dentro de *bunkers*, minando as estradas e as ravinas, saturadas com *booby-traps* — uma terrível armadilha que seria encontrada pelos brasileiros posteriormente nos ataques ao inimigo.

A FEB fazia patrulhas de reconhecimento para verificar se o inimigo estava em determinado ponto e, se houvesse pouca resistência, elas deveriam permanecer no local patrulhado até que houvesse possibilidade de reforços. Isso se constituía o "golpe de mão".

Havia também patrulhas para fazer prisioneiros, a fim de que fossem interrogados pelos G2 da Divisão, colhendo deles as informações sobre as posições dos canhões, metralhadoras, para serem plotadas nos mapas dos dispositivos de defesa do inimigo e reciclados aos nossos aliados.

Os alemães, em retirada, ocupavam as posições defensivas dominantes sobre nossas linhas e, do alto, observando a "terra de ninguém" — ou seja, o terreno entre nós e suas posições — bombardeavam nossos postos de observação, as cozinhas e depósitos de munição.

Nas passagens mais estreitas das estradas, os morteiros inimigos visavam todos os nossos veículos. Por causa do "cachorrão" — como o pracinha chamava esse morteiro —, os nossos motoristas se tornaram exímios peritos na direção dos jeeps e caminhões.

Havia sempre grande número de feridos. Nas proximidades de Bolonha, fui vítima de uma explosão de morteiro que fez nosso jeep capotar, e um estilhaço atingiu a minha testa, acima do olho esquerdo. Como já estava escurecendo, só tive tempo para rolar para um fosso à margem da estrada antes de perder os sentidos — evitando a passagem dos tanques americanos que vinham na nossa direção. Fui transportado para um hospital de emergência e, quando tive alta, o médico me vaticinou: "Se, dentro de dez anos, você não tiver um tumor no cérebro, estará salvo".

As posições mais avançadas ocupavam aldeias, e os combates se davam nas ruas. Além dos alemães, participavam da guerra na montanha os guerrilheiros, os *partigiani*, comunistas que combatiam os alemães em emboscadas nas montanhas ou dentro das vilas, e também iam contra os civis fascistas a quem odiavam — sobre os *partigiani*, escreverei um capítulo especial tratando de suas divergências internas com os fascistas e suas atuações junto às Forças Aliadas.

Tanque

Jeep, março de 1945

Analisando os mapas

Em 19 de novembro passamos por Borgo Cappane e, à noite de 20, começamos a subir para a posição de Affrico. Para atingirmos esta posição, passei por uma experiência inédita — ou seja, aquela que eu considero meu batismo de fogo.

Era chegado o momento de trocarmos as vizinhanças de Pisa pelos picos dos Apeninos. Adeus aos passeios de domingo, que invariavelmente terminavam ao pé da torre inclinada, ou no Batistério, ou no Duomo, ou nos bares às margens do rio Arno, em ruínas. Sabíamos como ir à torre e quantos degraus possuía o mármore e o corrimão de sua plataforma — outrora confidente de românticos enamorados ou sábios incrédulos — ostentava milhares de inscrições de terras longínquas, nomes latinos e saxônicos. Nem o vinho de Pisa prestava porque o bom vinho *"i tedeschi hanno portato tutti via"* [Os alemães levaram embora], diziam os civis.

As *signorinas* (mulheres italianas jovens) eram poucas, as demais se encontravam refugiadas pelas montanhas eram *sfolati* (refugiadas) — ou como traduzia os pracinhas: esfoladas.

O melhor espetáculo era justamente a enorme profusão de uniformes que se via pelas ruas. Só mais tarde, depois da rendição, já em Veneza, Turim e Milão é que vi tantos soldados e de tantas nacionalidades.

Brunate, terraço Hotel Milano

""Signorinas", baile à beira da estrada

Brunate, Itália, "Tre brasiliani"

Diel e amigo no Lago de Como, junho de 1945.

Itália, maio de 1945

Em Veneza, soldados de outras nacionalidade

Roma, junho de 1945

Lago Como e Alpes Suiços

Em Veneza com os pracinhas

Marinheiro americano

Se não era o escocês de saiote, o sul-africano, o australiano, o neozelandês ou americano branco, negro ou indígena, era o inglês com seu uniforme de sarja parda e sapatos ferrados, ou então o inconfundível pracinha brasileiro — o "jegue", como se apelidavam.

A princípio, confusos, os civis italianos julgavam-nos de uma outra nacionalidade — a dos seus amigos alemães, devido à semelhança do uniforme já comentada. Porém, ficavam surpresos ao extremo quando ouviam o "moreno" falar um estranho dialeto, mas, sem dúvida, algo semelhante ao italiano. Nas montanhas, os camponeses nunca tinham vivido com pessoas negras. Eles eram pessoas sinceras, mas ignorantes. Quando lhes dávamos intimidade, passavam as mãos nos negros para sentir se a cor era verdadeira.

Antes de narrar o episódio que considero minha prova de fogo, é necessário esclarecer que até aquele momento não havíamos experimentado as nossas armas e equipamentos. Devido às falhas de homens naquela frente, nosso treinamento final — que seria em Pisa — passou a ser feito diretamente no local da luta.

A caminho da frente onde iríamos atuar, só nos preocupava a passagem da ponte de Marano — ponto muito conhecido dos brasileiros. Naquele dia, viajamos desde a manhã em caminhões e ao escurecer deveríamos atravessar a tal ponte. Chovia! Íamos substituir tropa brasileira do 6º Regimento e parte da 92ª Divisão Americana, composta exclusivamente de negros — do comandante ao soldado. O enorme comboio deslizava pela estrada conhecida simplesmente pelo nome de rota 64. Tudo estava escuro. Os caminhões seguiam somente com os faróis *black-out*. Por uma frestinha da lona da cobertura víamos outros veículos, alguns tanques silenciosos e ameaçadores, e duas ou três cidadezinhas às margens da estrada, com algumas casas em bom estado e o resto ruínas, buracos e desolação. Não devíamos fumar, riscar fósforos ou falar alto. O único barulho que se ouvia era o ruído dos motores dos possantes GMC e, quando os motoristas aceleravam as máquinas, a mim pareciam verdadeiros atos de sabotagem.

Entre as pernas, mantínhamos nossos fuzis e nas costas uma pesada mochila cheia de artigos julgados indispensáveis à nossa vida de privações. Transportávamos então: quatro mantas de lã, roupa de baixo, pano e paus de barraca, aparelho completo para higiene. E eu levava ainda uma farmácia de emergência, papel, caneta, uma máquina fotográfica — esta última seria a minha "realização" de repórter de guerra, o que resultava num sacrificado diário cobrindo todos os eventos.

Pobre recruta! Aquele peso estúpido quase me matava, e oitenta por cento do mesmo atirei fora na

Diel Magalhães, o fotógrafo.

primeira oportunidade, para poder usar livremente as pernas e os braços. A experiência me ensinou que das quatro mantas, uma só era bastante e fácil de ser transportada enrolada, a tiracolo.

De toda a engrenagem culinária, bastava somente a caneca e uma colher porque o resto ficava por conta dos dentes. No fronte recebíamos rações C ou K. A primeira, a ração C, era uma lata contendo uma mistura de purê de batatas com carne picada e a tipo K, era una caixa de papelão parafinado contendo uma barra de chocolate, uma de frutas, um pó para ser transformado em caldo *consommé*, um rolo pequeno de papel higiênico, um maço com cinco cigarros Camel e um comprimido contra o tifo. As meias e camisetas de lã se usava todo o estoque no corpo para serem lavadas quando houvesse oportunidade.

O capacete de aço era usado sobre o de fibra, enterrado na cabeça que, assim tão comprimida, não tinha jeito de pensar. Não era *paura*, não! — *Paura*, medo em italiano, já era palavra incorporada na nossa língua, como outras mais que eram empregadas pelo pracinha: *tedesco* [alemão], *buona sera* [boa tarde], *paizano* [aldeão], *contadini* [camponês], *carina* [querida, bela], *aspetta* [espera].

Era o desconhecido que deixava a gente numa espécie de torpor — a experiência esperada do combate, mas ainda não vivida — que fazia o corpo

Momentos para o descanso
em meio à guerra.

ficar dolorido de expectativa. Como vai ser o primeiro contato com o inimigo? Na minha cabeça os pensamentos e conjecturas estavam em atropelo como num sonho. Se houvesse uma explosão de um obus de canhão na nossa frente, ou do morteiro *shrapnel*, que espalharia estilhaços no ar em todos os sentidos, não saberia como seria a minha reação.

Nessa fase de guerra, éramos recrutas mesmo. E esse era o estado "impreciso" do meu espírito quando uma explosão com um estampido ensurdecedor estremeceu tudo em torno. Nos primeiros momentos, numa agitação de total surpresa, atiramo-nos todos, ao mesmo tempo, para o fundo do caminhão. Não é preciso dizer que foi uma verdadeira confusão de corpos, pernas, braços e capacetes...

Depois, a indecisão: Foi só essa? Viram outras? Devemos saltar e procurar abrigo fora da estrada? Esta naturalmente, seria a alternativa mais razoável, como manda o manual de infantaria, porém as pessoas têm maior sensação de segurança quando estão em lugar coberto — mesmo que essa cobertura, como no nosso caso, fosse uma simples lona de algodão. É instintivo! Assim fazem as crianças, quando cobrem suas cabeças com medo de um suposto ladrão debaixo de suas camas.

Mas em seguida outras explosões — felizmente sem consequência — arrancaram-nos daquela inatividade estúpida. Aventuramo-nos a espiar pela abertura da lona e... Bolas! As explosões eram da nossa própria artilharia que, perto da estrada, servia pontualmente o "chá" de ferro e fogo aos inveterados apreciadores de "chopes" espumantes...

Mais alguns metros e chegamos a um posto de sentinelas. Finalmente a ponte! Uma rápida comunicação pelo telefone de campanha e o PM nos deu trânsito livre. Desembarcamos para atravessá-la a pé, em coluna simples, à distância suficiente para não perdermos a ligação pela vista. A cada instante parávamos um segundo esperando ouvir o chiado da réplica inimiga, pois a ponte era observada de binóculos pelos POs (Postos de Observação) inimigos.

"Está em cima da hora!", disse um vulto. "Vamos, pessoal! Daqui a pouco é a vez do *tedesco*". Durante cinco longas e intermináveis horas caminhamos morro acima. Deixando a estrada, subíamos a montanha pelo flanco esquerdo. Nosso objetivo era atingir um ponto negro que na carta constava com o nome de Affrico, à esquerda da Torre de Nerone. A cada momento, esperava-se encontrar os guias — mas nunca chegava a ocasião. Se parávamos alguns instantes, era necessário reunirmos todas as nossas forças para não ficarmos para trás. Os corpos molhados, enlameados, cansados, sem querer obedecer. Frio horrível! Num determinado momento, numa parada rápida, meu pé afundou na água gelada da trilha e, ao me recompor, minha mão tocou em um objeto redondo, consistente. Com as mãos tirei a lama que o envolvia e senti um cheiro agradável. Famintos como estávamos, levei-o à boca: era uma maçã! Estávamos atravessando um pomar de macieiras, rapidamente todos procuravam os frutos no chão ou nas árvores, em surdina.

"Ainda falta muito?". Não havia quem não desejasse ver o fim daquela jornada, mesmo que ela significasse encontrar o inimigo. Por volta das 23 horas apareceram os primeiros guias, que rapidamente se identificaram, e partiram com suas colunas para as posições previamente ocupadas.

Ali ficaria um grupo que, com sorte, teria direito a ocupar uma casinhola no alto de uma colina. Outro grupo encontraria, numa estrebaria, o aconchego acolhedor de feno e palha. Os menos bafejados pela sorte, teriam seus *fox holes*, no máximo, com uma lona para camuflar e nada mais do que muita lama e água gelada a entrar-lhes pelos galochões adentro.

Em nosso setor, a troca foi feita rápida e silenciosamente, e teve completo êxito. Nas posições ocupadas pelos americanos, eu, como chefe da transmissão, tive que trilhar todos os *fox holes* para apresentar o brasileiro substituto e explicar a ele a missão do *yankee* retirante. Todavia, ao nosso lado — ou por terem notado movimento incomum nas nossas posições, ou por terem recebido informações de espiões — os "tedesco" cruzaram a terra-de-ninguém para fazer uma visita aos "selvagens" recém-chegados da América.

Amarga experiência para eles — e uma lição para nós.

Embora nervosos e inexperientes, a nossa resistência foi imediata, e lhes ficou patente a fibra da nossa gente.

Na madrugada seguinte, dissipada a névoa e já claro o dia, fez-se a primeira "limpeza" do terreno. Com os primeiros albores do dia, bem na nossa frente, avistamos o símbolo da paz e concórdia: uma cruz de uma pequena capelinha destruída.

Nos oito dias seguintes, reforçamos nossas linhas de comunicação e, ao cair das tardes, partiam as patrulhas de reconhecimento para a terra-de-ninguém. A oitocentos metros de onde ficava o meu *fox hole*, descendo a colina, havia uma cerca e, presa a ela, havia o corpo de um soldado alemão que, a princípio, todos achavam que teria que ser retirado e enterrado. Os primeiros sapadores que dele se aproximaram verificaram que o seu corpo estava com minas colocadas pelos seus próprios companheiros com o objetivo de nos atingir.

Assim os alemães fizeram, mais uma vez, também nos corpos dos mortos brasileiros, após o primeiro ataque que fizemos ao Monte Castelo.

Monte Belvedere, fox hole

CAPÍTULO IV

Patrulhas na Terra-de-Ninguém

Agora vou falar sobre um dos problemas mais sérios que tínhamos que enfrentar nas missões de patrulhas.

Os jornais onde eram publicadas notícias sobre as forças armadas na Itália — especialmente o *Star and Stripes* — davam destaque a grandes patrulhas de combate com tanques, morteiros e artilharia de apoio. Na nossa frente, nas montanhas dos Apeninos, não havia tanto apoio. Saíam ao fim da tarde para fazer reconhecimento ou trazer prisioneiros. Para quem está a centenas de milhares de milhas de distância — e nunca participou de uma delas — não sabe como é dura, exaustiva, e como exige fibra de seus homens.

Normalmente, não eram mais que uma dúzia de homens que saíam de seus abrigos e desciam para a terra-de-ninguém. "Desciam" porque os alemães se defendiam na próxima crista de montanha à nossa frente, geralmente alojados em *bunkers*, protegidos contra os ataques dos nossos aviões. Como nossa gente ficava na vertente fronteira da colina anterior, o vale à frente entre as duas colinas era a terra-de-ninguém — uma área livre de pessoas que a haviam abandonado devido aos ataques da artilharia e dos aviões de carga.

Para atacá-los, saíamos dos nossos *fox holes*, descíamos para o vale em busca de uma pequena vila, onde os *contadini* fugitivos haviam deixado seus pertences — semidestruídos — e onde apenas alguns prédios mais resistentes, como a Prefeitura ou a Igreja, sobravam. O Comando da nossa Divisão exigia das Companhias que fizessem prisioneiros alemães, através dos quais, por meio de interrogatórios, fossem colhidas informações estratégicas e logísticas.

Mas os inimigos também necessitavam saber quem se encontrava à sua frente, assim a primeira patrulha que chegasse à terra-de-ninguém nos lugares estratégicos tinha a prioridade sobre os adversários, fazendo a surpresa de tomar os prisioneiros — obviamente vivos. Se não havia a resistência esperada, aquela pequena patrulha

Terra-de-ninguém

Diel e amigo em Vidiciatico, Itália, campo de prisioneiros de guerra (stalag)

recebia ordem de permanecer na vila até que os reforços chegassem. Era o "golpe de mão"!

Algumas vezes, se fazia infiltrações junto às linhas inimigas, geralmente por *partigiani* infantis, de calças curtas, que passavam para as vilas brincando, mas observando os tipos de soldados que estavam em posição, e assim contribuindo com informações para orientações das patrulhas posteriores.

A patrulha bem experimentada usava artifícios para saber o tipo e quantidade de inimigos que havia passado pelas vilas. Normalmente, junto às casas menos destruídas, procurava restos de casca de batatas e miúdos e penas de galinhas, porque esses alimentos sempre ficavam para trás quando a população se evadia sob a pressão dos combates iminentes, e eram usados pelos alemães para se alimentarem ao passarem por ali. Antes de adentrá-las, jogava-se uma granada, e só depois procurava os cômodos mais desejáveis como o quarto de dormir, onde certamente haveria uma cama com um colchão convidativo para quem estivesse muito cansado e quisesse descansar por alguns minutos. Ou um fogão onde se pudesse colocar um pouco de lenha para se aquecer. Ou até mesmo ajeitar um quadro fora de prumo, na parede.

Mas essa casa poderia estar "trabalhada" pelo inimigo. Embaixo do colchão, na porta do fogão, ou no quadro poderia estar uma espoleta de um *booby-trap* — uma arma de fácil instalação. No terreno, essas armadilhas eram disfarçadas no meio das folhas e, quando o soldado batia o pé no fio que as ligavam no campo, ou pisava numa granada, as *booby-trap* explodiam à altura dos órgãos genitais. Era uma arma estrita e terrivelmente "pessoal".

Numa patrulha de reconhecimento, o soldado ficava várias horas, à noite, com os pés gelados, escutando os ruídos dos motores de veículos inimigos que estivessem se deslocando à nossa frente. Era uma noite inquietante, perigosa, de solidão e muito frio. Era uma agonia! Ligado pelo telefone — de preferência ao rádio, que poderia sofrer interferências inimigas — confundia-se com o farfalhar das folhas das árvores no chão. Sentindo nas mãos frias sua arma de defesa pessoal, ficava pensando: "Por que me encontro nessa guerra que não me dá nada em retorno pela minha vida ou meu país?"

Lembrava-me de um artigo que li numa revista americana escrito por Dorothy Parker que dizia:

> *Em casa, você dá boa noite para sua namorada, aos seus amigos e sabe que os encontrará outra vez felizes e saudáveis como você provavelmente estará. Em casa, você estará abrigado contra o frio e protegido do calor. A água corre do seu lavatório e a luz salta a um toque seu. Suas roupas são limpas em contato com seu corpo saudável. Você descansa sob lençóis de linho e dorme um sono reparador por toda a noite. Todos os dias você come três refeições quentes e bem*

balanceadas e pode variá-las ao seu bel prazer. Não será assim quando você estiver na guerra. Não verá os amigos, ou a namorada para afagos e carinhos. Lá estarão somente os camaradas, muitas vezes desconhecidos, até aquele momento tão chegados a você como jamais estaria um parente ou ente querido. Quando você despertar a luz da aurora ou de um very-light, os encontrará tímidos, titilantes de frio, sujos, malnutridos, raivosos ou pensativos, ou então quebrados ou mortos!

Os *partigiani* muito nos ajudaram nas patrulhas. Pela sua vida aventureira, pela sua história política comunista e ódio especial aos fascistas e aos alemães por ideologia, eram ídolos para os camponeses das montanhas. O nosso PC (Posto de Comando) estava constantemente cheio deles que nos vinham visitar e eram convidados para a "chepa" (comida). Dávamos para eles peças das nossas roupas, nossos enfermeiros faziam curativos nos seus ferimentos e eles, sempre gratos, nos contavam suas aventuras e transmitiam informações preciosas para as patrulhas — e até mesmo as conduziam longe dos campos minados.

Eles nada recebiam do governo e viviam da pilhagem, escondidos pelas montanhas, atacando os inimigos e as vilas onde estivessem os fascistas. Usavam mulas para se transportar pelas picadas montanhosas, chamadas de *mulattieri* — que traduzimos para "mulateira". Algumas Companhias os

Imagem desenhada no diário de Diel dos partisans

Patrulheiros do inverno, folheto

O GENERAL INVERNO
Patrulha na neve... O posto pode ser Nie Castelo, Ovatório della Sassone, a Torre de Nerone ou o Supraseguso; não importa. Mas a temperatura é 15 abaixado zero!...

admitiam em suas fileiras como guias. Se reuniam em bandos, brigadas, sob o comando de um chefe.

O grupo que se aproximou da nossa Companhia era o Garibaldi, sob as ordens do *partizan* Pippo. Aos domingos se reuniam para bailar, cantar e beber os vinhos pilhados dos fascistas. Organizavam suas próprias patrulhas para apanhar armas, colher informações ou matar os "tedescos". Dentre eles existiam crianças de 14 e 15 anos. Com respeito às mulheres italianas que colaboravam com os alemães, os *partigiani* cortavam-lhes os cabelos — mulheres com lenço na cabeça eram certamente colaboracionistas!

Agora vou lhes narrar o que aconteceu a duas das nossas patrulhas de reconhecimento, para mostrar o espírito do soldado brasileiro na guerra na Itália.

Na nossa frente existia um lugar chamado de [P] na nossa conhecida terra-de-ninguém. A patrulha enviada, da nossa parte, teria que ter prioridade de alcançá-lo, se organizar, vasculhá-lo, verificar os caminhos de acesso e retirada dos inimigos para orientação da artilharia de apoio. Todos de branco, confundindo-se com a brancura da neve, deveriam se aproximar do objetivo designado pelo comandante — evidentemente com receio, sem saber se os inimigos já não estariam por lá.

Um dos soldados — que chamarei de Nelson — chegou ao seu objetivo, verificou o que lhe fora recomendado como missão. Enquanto o sargento discutia com o guia o caminho a tomar, ele deu ordens para que se abrigassem dentro de um buraco de granada de artilharia para se ocultarem das rajadas das metralhadoras "lurdinhas" — esta era uma metralhadora portátil alemã e, ao ser disparada, o ruído parecia o de uma máquina de costura, daí o seu nome de "Lurdinha, a costureira".

Finalmente, como já haviam cumprido a sua missão, o sargento reuniu o seu pessoal e retomou o caminho para as nossas linhas. Em dado momento, um soldado companheiro do Nelson, sentiu a sua falta. Pararam e resolveram voltar para resgatá-lo — morto, ferido, ou mesmo se estivesse como prisioneiro. Enfrentaram o caminho de onde vieram, evitando possíveis patrulhas do próprio inimigo, até chegarem à cratera onde ficaram anteriormente. *Ecco!* Eis que lá estava um vulto branco dentro do "buco" [buraco] do 105mm. Aproximaram-se cautelosamente e verificaram que o vulto era do Nelson, candidamente nos braços de Morfeu.

A outra narrativa, dentre as muitas partilhadas por nós, se referiu a uma outra patrulha. Naquela noite a patrulha saiu de nossas posições e começou a descer pela estreita "mulateira", entre árvores sem folhas e terreno com alguma neve. Cada mancha escura no chão, ou tronco retorcido, se confundia com o vulto de um inimigo, ou o som de algum galho partido sob a sua bota de combate fazia pensar numa armadilha. Como a nossa artilharia fazia disparos de inquietação, logo em seguida vinha a resposta. As granadas caíam na terra e os estilhaços lançados ao ar caíam sob as folhas secas, dando a impressão de alguém rastejando. O objetivo naquela noite era ocupar um *paese* abandonado. Não mais que uma dúzia de casas, uma capela, um galpão e uns montes de feno que haviam sido localizados anteriormente por meio de binóculos.

Lá chegando, tomaram as devidas precauções recomendadas pelo tenente comandante e descobriram que no galpão semidestruído existia um galinheiro cheio de ovos e galinhas abundantes. Por que não levar alguns ovos e galinhas para quebrar a monotonia das rações C e K que éramos obrigados a comer diariamente? Seria um manjar dos deuses para quem não digeria comida decente há muito tempo.

No escuro, com toda precaução, a patrulha penetrou no galpão à cata das penosas. Mas havia uma surpresa! Os alemães, também naquela noite, haviam enviado uma patrulha com as mesmas intenções de fazer prisioneiros brasileiros. Houve troca de tiros de ambos os lados, gritos, pragas. Pelo *walkie-talkie* as mensagens aflitas rasgaram o ar: "Alô! Alô! Aqui, *Ás de Ouro*! Câmbio Tenente, peça uma barragem de artilharia porque aqui a cobra está fumando", sugeria o sargento, "Tem 'tedesco' por todo lado! Câmbio, desligo!"

As galinhas fugiram. A patrulha retraiu com algumas baixas — nada sério. Os alemães também retornaram sem prisioneiros.

No café da manhã seguinte, o pracinha teve que se contentar com a ração de combate, sonhando como teria sido bom comer ovos mexidos e uma coxinha de galinha grelhada.

Chrysostomo comendo, março de 1945

Destruição

CAPÍTULO V

O Avanço Sob Fogo e Medo

O movimento desusado e as constantes reuniões dos oficiais indicavam ao pracinha que havia algo incomum para acontecer. Primeiro, o capitão havia sido chamado ao PC do major. Em seguida, constantes patrulhas e inspeções de armas e, por último, no jantar, haviam servido galinha.

O pracinha já contava como certo ter que deixar o seu *fox hole*, de relativa segurança, para cruzar o vale e desalojar o "tedesco" das casamatas lá do outro lado. Os preparativos que lhe seguiam já lhe eram familiares. Chegavam reforços de algumas bazucas e metralhadoras ponto 30. Faziam-se os novos ajustes nos efetivos e os claros eram preenchidos com caras novas. A FEB tinha um Depósito de Pessoal em Filettole, onde ficavam oficiais, sargentos e soldados para cobrirem as baixas.

Os hospitais de campo e os destacamentos de saúde recebiam mais duas ou três equipes de padioleiros — esses bravos camaradas que, como o pracinha, iriam enfrentar as granadas levando como única arma uma cruz vermelha pintada no capacete e outra no braço.

Finalmente chegava-se ao apronto final e, em seguida, era marcada a hora "H".

Deitado no chão, dissimulando-se atrás de um arbusto ou de galhos secos, encontrava-se o pracinha a espreitar a posição inimiga que deveria atacar com seu pelotão. Na mente, recapitulava: "Ali é cota 751; aquelas casas adiante se chamam Creda; acima o ponto tal..." e aquele cume seu objetivo final. Teria de cruzar aquela estrada, que possivelmente estaria minada. Mais além, passaria aquela "mulateira". Também teria que dedicar atenção especial contra os traiçoeiros *booby-traps*. Deveria acobertar-se da melhor maneira possível das vistas do inimigo, até que, inevitavelmente, teria que se revelar, se enfiar por uma ravina, para atingir o topo da colina. Encontraria uma metralhadora que o faria de cara ao chão e, se quisesse bordejar pela encosta, iria cair num campo minado. Ele já sabia qual seria seu destino. "Hoje estou vivo, amanhã...". Espera pela ordem final!

Sergio Murilo e Diel, Staffoli,
maio de 1945, depósito
pessoal da FEB

Enquanto os ponteiros do seu relógio avançavam, sem sentir medo, notou, todavia, que era impossível evitar a sensação de inquietude que sobrevêm à expectativa. Seu pensamento era sempre o mesmo em ocasiões idênticas: "Agora tudo vai bem. Depois? Quantos companheiros já não verei mais? Coisa estranha!" Por egoísmo, talvez, jamais pensava na possibilidade de ser incluído nessa espécie de colheita.

Era dia claro. Não era com satisfação que, do seu *fox hole*, via o sol brilhante de uma linda manhã primaveril. Já vão longe as manhãs em que aguardava o despontar sobre os montes cobertos de neve. O "general" inverno já se fora, mas em alguns locais ainda havia restos de neve. Agora que o tempo estava firme e a relva verde começava a aparecer, fresca, iriam começar os grandes avanços.

Súbito, sob a sua cabeça, ouviu o ruído inconfundível.

Eram as primeiras granadas de nossa artilharia. Começava nesse instante a barragem de preparação. Passou a primeira, a segunda... uma dezena delas, antes que visse a colina em frente, um clarão seguido de uma coluna negra de fumo em diversos pontos e mais fumaça. Só então chegaram até ele os estampidos: um, dois, três... uma dezena. Passados alguns minutos, apareceram os nossos aviões que passaram rasante a linha inimiga, soltando granadas.

Mais um pouco veio nova barragem de granadas fumígenas para fazer a cortina de proteção.

O espetáculo manteve-o em suspenso, fazendo-o esquecer seu mal-estar. Um a um, os pontos foram cobertos pelo fumo da cortina de proteção para que os infantes "arrancassem" nos 15 minutos seguintes. Por experiência sabia o que significavam aquelas explosões das granadas dos 105 e arrasadoras dos 155 e do bombardeio aéreo.

Chegou aos seus ouvidos a voz do oficial ordenando-lhe que se preparasse. Não era uma voz arrebatadora ou épica. Era uma voz cansada, uma frase curta, quase um conselho: "Vamos pessoal! Agora é a nossa vez!". O dono da voz confundia-se com seus homens — todos igualmente sujos, barba por fazer, usando a jaqueta caqui sobre a calça verde oliva.

O pracinha ajeitou o seu cinto de guarnição, verificou se estava no lugar a bolsa com gaze e a sulfa, ajustou no pescoço a bandoleira da sua *tommy gun* e arrastou-se para fora do seu *fox hole*. Já não pensava em nada.

O primeiro trecho, venceu-o em coluna, a alguma distância do seu companheiro mais próximo. Olhava sempre para o chão, procurando pisar no mesmo local onde seu companheiro pisou. Atravessou o campo minado que ele próprio vira "plantar" alguns dias atrás. Continuou avançando. Estavam se aproximando de uma posição — uma casinha igual a todas que ele conhece perfeitamente.

Nesse momento, já não se tornava possível seguir seus passos, pois começaram a cair as granadas dos morteiros 88, que atingiam seus alvos com uma pontaria infernal.

O pracinha fez o que lhe pareceu mais acertado. Atirou-se ao solo com toda agilidade possível ao ouvir o chiado fatídico. Onde quer que seu nariz viesse a se acomodar, conservava-o bem ao nível do solo. Olhou para o seu companheiro, que havia feito o mesmo.

O resto do trecho era coberto por lances sucessivos.

Passaram por outra casa. Vasculharam-na. Aproximaram-se cautelosamente, olhando através das janelas. Não tocavam em nada sem ter a absoluta certeza de que estava seguro. Olhavam com desconfiança para qualquer pedacinho de fio pelo chão. Bastavam pequenos indícios para indicar a presença do inimigo.

As penas de galinha ou casca recentes de batatas fez com que o pracinha se mantivesse alerta, e pediu a um companheiro que o cobrisse com seu *browning* automático enquanto indicava com um sinal seus outros companheiros.

Atiraram granadas pela porta dos quartos suspeitos e escada abaixo. Do fundo do solo, por entre palhas, um grupo de vozes roucas suplicou-lhes: "Kammarad! Kammarad! Kaput... Kaput". Toda a fúria de vingança de que era possuído se desvaneceu ao ver as fisionomias desoladas dos "tedescos" — alguns jovens e imberbes ainda, outros velhos e indiferentes. O pracinha teve compaixão daquela gente já irremediavelmente derrotada e acabou por lhe oferecer um "Camel" de sua ração diária.

Durante todo o dia vinha nessa lida.

Viu seu melhor amigo passar, gemendo em uma maca.

Estava exausto e não podia dormir. Algumas vezes já não podia progredir — e até era impossível mover-se. Uma "lurdinha" barrava-lhe o caminho. O seu matracar, a poeira, deixavam-no atenuado.

Era necessário apoio de flanco.

No ar, pairava ainda o cheiro de pólvora da última granada que explodira muito próxima. A progressão pela ravina foi tentada com insucesso ainda maior. Havia um vasto campo minado, e a única solução era esperar que tudo se resolvesse por si.

Ligou o rádio portátil e ouviu os trechos de mensagens — ora otimistas e algumas vezes alarmantes. Parecia que o pelotão à sua direita também não conseguiu avançar, e ouviu a voz do capitão que lhes ordenava que se mantivessem a todo custo. Relembrou dos seus amigos do pelotão e, naturalmente, desejou-lhes boa sorte.

O combate continuou. Por alguns instantes, o bombardeio inimigo era tão intenso que seus nervos pareciam chegar a um extremo de resistência.

Pelotão de Transmissões(ilegível) II Batalhão
R.S., Itália, 1945

Desejava ansiosamente que cessasse tudo, porém, quando lhe davam uma trégua, o silêncio irritava-o ainda mais, ao ponto de almejar que recomeçasse para ter a certeza de que as próximas bombas não lhe seriam destinadas.

Aproximou-se a noite. Com pesar viu afastarem-se os tanques aliados que, até então, valentemente, fizeram frente aos morteiros inimigos. Eles dirigiam-se para uma zona mais à retaguarda, onde à noite estariam mais seguros de uma infiltração. Lá de trás suas metralhadoras ponto 50 se juntariam às demais, para passariam horas a fio atirando sobre as linhas inimigas um chuveiro de balas traçantes.

Quando a artilharia brasileira cessou fogo, atirou a alemã — que fazia com que cessassem os nossos canhões. E o pracinha, atirado no meio desse duelo titânico, enterrou mais e mais a sua miserável carcaça no seu incrível abrigo feito às pressas com a baioneta, uma pequena pá de aço e o capacete.

Com o passar do tempo apareceram os teco-tecos — pequenos aviões de observação que sobrevoavam as linhas fazendo com que os inimigos, para não serem localizados, emudecessem os seus canhões.

O pracinha perdeu contato com o mundo. A escuridão impenetrável da noite se abateu sobre ele, deixando-o sozinho com seus próprios pensamentos. Passaram-se alguns minutos que lhe pareciam séculos.

Os da retaguarda ouviram assobios abafados — de alguém que tentava se orientar. Responderam baixinho, quase imperceptível. Trocaram senhas — que geralmente são palavras inglesas, mas que nunca são pronunciadas como realmente deveriam ser.

Pensava ele: por que usar palavras inglesas quando existem palavrões, bem brasileiros, que somente um patrício poderiam conhecer? "É isso! Estamos num exército americano...".

Os homens foram identificados — eram os membros de uma esquadra de mineiros que iriam limpar uma faixa do campo minado Transportavam um equipamento estranho: longas varas com um prato metálico na extremidade, rolos de fita branca e um aparelho não menos curioso dentro de uma bolsa levada a tiracolo.

Do seu telefone instalado — um rádio, ao mínimo — ouviu trechos e avisos do PC. Dentro de alguns minutos, deveriam partir homens com reforços de munição e ração K, junto dos padioleiros que tentariam evacuar os feridos e os mortos. A tarefa humanitária deles era extremamente arriscada. Algumas vezes eram tão difíceis os obstáculos que teriam que enfrentar, que a sua tarefa era feita por voluntários.

O ruído dos motores do jeep chegou aos seus ouvidos. Recebeu uma ordem para descansar alguns instantes, pois havia sido feita uma escala de vigilância. Desdobrou a única manta que trazia a tiracolo e se sentou ao fundo do seu buraco. Cruzou os braços, apoiando a cabeça sobre os joelhos. A terra fria nas costas e o peso do capacete doía horrivelmente. Cochilou alguns instantes — todavia, suficientes para que tivesse um tremendo pesadelo.

Despertou-o uma exortação abafada: "Acorda velhinho!". Os braços estavam dormentes e as pernas e os pés enrijecidos. *É a sua vez de tirar a hora*", clamou a voz —todos, sem exceção, tiravam sua "hora".

Rastejou até o seu ponto de sentinela. Ouviu e repetiu as instruções que lhe passou o companheiro e informou-se também sobre constantes ruídos na retaguarda alemã. Estavam se retirando? Estavam recebendo reforços? Ele teria que assuntar...

Medalhas de Guerra e de Campanha

CAPÍTULO VI

O Pedido da Velha Senhora

Naquela tarde fria e úmida de fevereiro, quase ao escurecer, nos encontramos exaustos e desordenados. Desde o raiar do dia o nosso batalhão estava empenhado na missão de combate: ataque ao Monte Castelo — parte do maciço Belvedere-Torracia, com 1.130 metros de altura. Era a terceira vez que estava sendo atacado sem sucesso.

Sob forte fogo de morteiros, atravessamos ravinas minadas e já havíamos atingido o nosso objetivo. Porém, vindo do flanco esquerdo do Monte Belvedere, a artilharia inimiga tornou nossas posições insustentáveis. Esse maciço era o traço de união entre Cappel Buzzio (Apeninos) e o restante divisor de

Diel e amigo, Monte Belvedere, Abril de 1945

Morteiro de 81 mm M1 4 aCia, R.S, Monte Belvedere, Italia

águas do Panaro-Reno, marginando as rotas 64 e 12 (Bolonha-Módena). O inimigo ocupava o maciço Silas-Porreta-Gaggio Montano, organizado em casamatas à prova de artilharia, bem camuflado, dotado de magníficos campos de tiro cobrindo os acessos e as penetrações de nossa infantaria. Precisava ser tomado para o avanço de todo o fronte.

A nossa retirada estratégica havia sido ordenada em direção à base de partida, em Ca de Guanella. O frio, a lama, o gelo, a neve, a incerteza de que havia acontecido aos nossos companheiros — e a nós próprios — nos atingia profundamente.

Eu comandava a esquadra de transmissões da 4ª Cia /II Batalhão do 1º Regimento de Infantaria e, no momento, tinha comigo somente cinco homens — sendo que um deles, estava febril e gripado. Dirigimo-nos a um *paese* chamado Granaglione — nada mais que um punhado de casas de pedras no alto da montanha.

Caía a noite. A escuridão nos tornava ainda mais temerosos de uma emboscada, pois estávamos em terra de ninguém. Não se via qualquer sinal de vida, mas, na noite, bruxuleava uma única luz vindo de uma casinha.

Aproximamo-nos. Fizemos em torno da casa a tradicional busca de indícios de tropas inimigas. Nada à vista! O lugar nos pareceu seguro! Chegamos mais próximos da porta principal por onde filtrava a

O capitão, front de
Belvedere

Moisaico
"Gorgolesco",
tanque

luz. Seria uma lareira ou uma lâmpada a óleo? A casa estaria ocupada pelo inimigo? Meus companheiros esperavam minha decisão em silêncio. Iríamos fazer uma operação típica de limpeza metendo o pé na porta e atirando uma granada? Que fazer? O meu soldado gripado fazia esforços inauditos para não tossir.

Algo me dizia que ali não havia perigo. Resolvi arriscar.

Dois dos nossos ficaram atrás de uma árvore "espiando" a porta com suas *tommy guns*, enquanto eu batia no umbral de madeira tosca. *"Avanti! Avanti!"* [Entre! Entre!], respondeu uma voz rouca e fraca.

A porta abriu e na penumbra interior uma senhora muito velha, aparentando mais de 80 anos. Olhava-me sem espanto, quase sorridente. Seu pesado xale de lã lhe cobria a cabeça e parte do rosto. Ela continuava a dizer: *"Si accomodi!"* [Sente-se!].

Com um rápido olhar, certifiquei-me que estávamos sozinhos. Ela continuava dizendo algo que não conseguia entender. Provavelmente falava em dialeto. Com o meu italiano de guerra perguntei-lhe: *"Signora, noi abbisognamos passare la notte aqua... Dove sono andato i tedeschi?"* [Senhora, nós desejamos passar a noite aqui. Onde estão os alemães?]. *"Adesso non hai nessuno. Loro sono andato via esta sera"* [Agora não há ninguém. Eles partiram esta noite], respondeu ela.

A um gesto meu, os rapazes que já haviam inspecionado rapidamente as redondezas, adentraram a sala que tinha uma mesa pequena, duas cadeiras, uma lareira à vista, nada mais.

Com alguma dificuldade — pois ela misturava italiano com o dialeto local — perguntei-lhe se seria possível conseguir um pouco de leite. Já havíamos notado, nos fundos da casa, uma cabra amarrada junto a um monte de feno. Disse-lhe aos tropeços: *"Un compagno de noi è malato, bisogna un poco de late, e noi de mangiare. Capito?"* [Um dos nossos companheiros está doente, ele precisa dormir um pouco e nós precisamos comer. Entende?]. A velhinha compreendeu e respondeu com um gesto de desalento que nada tinha além de castanhas e uma caneca de leite. Das nossas rações de combate recebidas antes de entrar em ação, restavam algumas barras de chocolate, um pouco de pó de café solúvel e o *buyon* — um consomê que se bebia dissolvido em água quente — e uma lata de ração C.

Tomamos posição junto ao fogo que procuramos avivar com cascas de pinho e restos de madeira trazidos de fora. A *nona* [vovó] — como passamos chamá-la — trouxe-nos uma panela suja, uma mão cheia de castanhas e uma caneca de leite. Era tudo que tinha *"Niente di piu!"* [Nada mais]. Sorria com as gengivas à mostra.

Aquele gesto simples me comoveu muito. Resolvemos que a ração e o chocolate seriam divididos entre todos nós — sendo que a maior parte para o doente e para a *nona*. Com o café e o leite estaríamos mitigados para o resto da noite. Aconchegamo-nos junto ao fogo tentando descansar um pouco com algumas horas de sono. Para aproveitar o máximo do calor, deitamo-nos bem juntos, com nossos *combat-boots* quase tocando nossos narizes

Segundo as normas militares, havíamos estabelecido uma escala de vigília, tocando o primeiro quarto para mim. Ficaria atento a qualquer movimento suspeito, espreitando junto à porta.

Passados alguns minutos, a *nona* chegou-se a mim.

Embora eu não me identificasse, pelo fato dos rapazes me chamarem de "senhor", ela sentia que eu era um *capo*, ou o mais graduado. A palavra sargento, repetida várias vezes, deu-lhe a certeza de que era um *maresciallo*.

Depois de olhar-me repetidas vezes, meio tímida, sentindo a minha preocupação, não se conteve: *"Signore..."*, disse ela em italiano bem pausado, *"tu che sei un uomo buono, giovane, un protettore dei tuoi soldati..."*, prosseguiu, *"I sono una vecchia, vivo qui ha tanti anni, non so piu. Per favore io ti chievo un favore."* [Senhor, você que é um bom homem, jovem, um protetor de seus soldados. Sou uma velha, moro aqui há muitos anos, não sei mais. Por favor, eu vou pedir um favor a você.] "Sim", respondi, "Se tiver ao meu alcance".

Então ela se dirigiu ao fundo da sala e procurou algo dentro de um baú. Quando voltou, trazia um papel. Ao se aproximar do fogo, vi que se tratava de uma fotografia amarelada de uma moça de vinte ou vinte e cinco anos. Pelo penteado e pelas roupas que usava, pela cor da foto, tudo indicava que havia sido tirada há cerca de cinquenta anos, senão mais ainda.

De sua língua confusa, foi possível entender o que ela queria dizer: "*Figlieta mia. Voi capire? Molti anni fá se ne é andata a Milano, prima della guerra. Prendi questa fotografia e incontrala, per favore, e le dica che la sua vecchia madre é viva e vorrebbe vederla prima de morire.*" [Esta é minha filhinha, entende? Faz muitos anos que foi para Milão, antes mesmo da guerra. Leve essa foto e tente encontrá-la, por favor, e diga a ela que a sua velha mãe está viva e deseja vê-la antes de morrer.]

"*Scusa nona!*", disse-lhe eu, "*Come incontrarla senza saper il suo indirizzo? Non ho tempo e non só se la mia missione mi porterà a Milano, che è una grande città e per di piú, sua fielia, la donna in questa fotografia, oggi sarebbe una signora con una fisionomia cambiata e se viva sará impossible identificarla.*" [Desculpa, vovó! Mas como encontrá-la sem saber o endereço dela? *Não tenho tempo, nem sei se minha missão irá me levar a Milão, que é uma cidade grande e, além disso, sua filha, a mulher desta fotografia, hoje seria uma senhora com a fisionomia alterada e se fosse vista seria impossível identificá-la*].

A velhinha olhou-me com os olhos brilhantes e suplicantes: *"Pregherò a Dio di portati fin là! La incintrerai e lei verrà a prendermi! É tutto quello che desidero prima di morire."* [Rezarei a Deus para que te leve até lá! Você vai encontrá-la e ela virá me buscar! É tudo o que eu quero antes de morrer.]

A minha emoção foi enorme. Impossível deixar de me enternecer com tanta ingenuidade. A maldita guerra estava dando, na minha própria carne, mais um testemunho da sua crueldade. Uma filha que abandonou a mãe sem lhe deixar endereço — ou, quem sabe, o destino trágico lhe tenha tirado a vida, sem que a velha mãe tomasse conhecimento.

Até hoje, não posso esquecer daquele rosto encarquilhado, desdentado, mas com os olhos vibrantes de uma esperança que nunca iria encontrar.

Milão, Teatro Scala

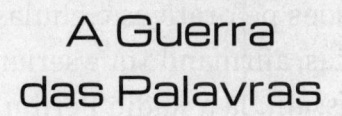

CAPÍTULO VII

A Guerra das Palavras

No fronte na Itália, a propaganda esteve muito ativa de ambos os lados. Todos os artifícios eram válidos. Quanto maior o impacto causado pelo panfleto, pela transmissão radiofônica, ou mensagem escrita deixada no território inimigo, tanto melhor.

Não se respeitava nem os mortos! Os nazistas fotografavam os mortos brasileiros e reproduziam as fotos nos panfletos atirados sobre nossas linhas. Nos mortos do primeiro ataque ao Monte Castelo — recuperados após dois meses de inverno — encontramos armadilhas para que explodissem quando fossem removidos, e em seus bolsos e nas mãos congeladas, havia panfletos e mensagens incitando-nos à rendição.

Os alemães usavam duas estações de rádio que eram captadas pelos nossos rádios de campanha: a Rádio Milão, ou a Voz da República Fascista e a Rádio Berlim, ou a Voz Auri-Verde. Na propaganda contra o Brasil, a Rádio Auri-Verde empregava expressões pejorativas e chulas contra os nossos pracinhas, afirmando que seriam mortos se não se entregassem. Já a Rádio Berlim irradiava canções brasileiras, versos de Catulo e Machado de Assis, procurando despertar a nossa simpatia.

Mas a propaganda mais usada era a feita por panfletos, especialmente lançados dentro de obuses fumígenos — para serem mais bem direcionados. Os panfletos distribuídos por aviões eram mais dispersivos, por conta dos ventos.

Dizia uma dessas mensagens:

> Brasileiros! Vocês já se perguntaram por que os americanos vos pagam tão bem? Para vos levar no pacote. Por que querem levar no pacote? Para afastar do Brasil os seus melhores soldados. Para não mais defender a vossa Pátria, dentro do Brasil. O inimigo encontra-se lá, americano imperialista que quer fazer do Brasil uma colônia!
>
> Porque vocês abandonaram a vossa terra radiante, cheia de sol, para combater aqui na neblina, na lama, na neve, na imundice? Isto vale os 96 dólares que recebem mensalmente?

Porque nós Brasileiros lutamos contra os Alemães?

Eis uma pergunta facil de responder. O Brasil juntou-se ás nações livres contra a Alemanha Nazista por duas simples e poderosas razões:

PRIMEIRO, porque nosso pais foi provocado pelos submarinos-piratas Alemães, que afundaram nossos navios indefesos, ao longo da costa do Brasil, apezar dos nossos protestos diplomaticos. O Brasil mantinha então a mais estrita neutralidade;

SEGUNDO, porque o povo do Brasil deseja viver num mundo livre, onde como homens livres possam trabalhar pacificamente-não em um mundo dominado pelo Nazismo. A chamada «Nova-Ordem» de Hitler, não se limitava somente á Europa: era um esquema mundial, uma ameaça universal. A rede de intrigas politicas que os Nazistas tentaram espalhar sobre as republicas Latino-Americanas, inclusive a nossa terra, tornou bem claro que o Brasil estava diretamente afetado e ameaçado pelo desafio Nazista.

Nós soldados Brasileiros na Europa lutamos contra a agressão imperialista da Alemanha Nazista-afim de manter a nossa maneira de viver, e, por um futuro de progresso e liberdade, assim como lutam todas as Nações Unidas.

T/59

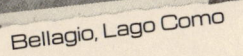

Bellagio, Lago Como

Prisioneiros alemães

Depois de muita baboseira seguia o convite à rendição com um salvo conduto, redigido em alemão e italiano. *"Passierchein: Inhaber dieses passiercheines hat den kampf eingestellt und ist scheme stens aus der gefahrenzone zu eutfernen."* A mesma mensagem vinha também em italiano: *"Il possessore di questo salva conduto ha cessado di combattere e deve essere allontanato rapidamente dalla zona di piricolo."* [O portador deste salvo-conduto não está mais combatendo e deve ser removido rapidamente da zona de perigo].

Da parte dos aliados, o mesmo sistema de panfletos era usado, no caso, colocados dentro de um obus de 105 mm e atirado sobre as linhas inimigas. Junto a esses panfletos explicando por que combatíamos os nazistas, seguia o nosso próprio salvo-conduto — individual, para família ou grupo de soldados.

Algumas vezes já no Vale do Pó, quando os avanços eram mais rápidos, grupos consideráveis de alemães ou fascistas se apresentavam nas nossas cozinhas, na retaguarda, com salvo-conduto em busca de comida ou proteção. Nós lhes prometíamos vida digna num campo de prisioneiros, boa alimentação, cigarros e a possibilidade de um rápido retorno para casa logo o eixo Roma/Berlim se rendesse.

A BBC de Londres irradiava programas destinados aos cidadãos italianos concitando-os a não colaborarem, do mesmo modo que fazia transmissões para a França e Alemanha. Entre trechos de música e mensagens contendo notícias sobre o progresso das tropas aliadas, eram enviadas mensagens em código para os *partigiani*, *maquis* e agentes do Serviço de Espionagem.

Na Itália, os *partigiani* ficavam nas montanhas e eram pró-comunistas, radicalmente contra os fascistas. Desciam de seus esconderijos, em lugares de difícil acesso, para atacar as tropas inimigas — ou até mesmo seus compatriotas fascistas. Nós, das tropas regulares, tínhamos sérias dificuldades quando os *partigiani* entravam em choque com seus compatriotas, pois ficávamos sem saber quem era amigo ou inimigo. Usavam jovens de 14 anos que se infiltravam nas linhas inimigas brincando — mas sempre observando. Eram exaustivamente treinados para reconhecer veículos, equipamentos, munição e, até mesmo, o tipo de tropa que operava na região.

A propaganda americana era feita pelo Serviço de Guerra Psicológica, que dirigia seus esforços para o Norte da Itália a partir de uma base no Sul da França. Conseguiu um número muito grande de deserções nas fileiras fascistas. Havia um folheto publicado por eles, "Os russos diante de Berlim", que chamava a atenção dos alemães perguntando-lhes: "Por que vocês estão lutando na Itália?"

Na propaganda brasileira, se irradiava assim:

Alô, alô, soldados alemães! Ouçam as palavras de um dos seus, feito prisioneiro em Rocca Pitigliana. Trata-se do cabo August Kurowisky, que insistiu para que disséssemos como se trata um prisioneiro, porque ele nos disse que vocês são verdadeiros escravos dos seus chefes da SS. Ele está ferido e não pode falar ao microfone como desejava, para não lhe agravar seu estado de saúde.

O seu recado se resume no seguinte: "Os meus amigos sabem que sou alemão, minha cidade foi destruída pelos russos. Já não sou um combatente, mas com muita honra sou um cidadão alemão livre. Para mim chegou o dia da paz. Durante o combate, os meus companheiros, que me fizeram os primeiros curativos, seguiram seus caminhos. Os padioleiros, que deveriam vir me buscar, não apareceram. Receoso pelo meu estado, resolvi apelar para aqueles que eu deveria matar ou fazer prisioneiros. Confesso que o fiz com medo, pelas informações dos nossos chefes sobre os costumes bárbaros dos americanos e brasileiros. Apelei para os inimigos e fui imediatamente atendido. Transportaram-me nos seus próprios braços para um lugar próximo, seguro, e me trouxeram café e cigarros. Agora, já num leito de um bom hospital, longe da frente, eu lhes digo: 'Bendito atraso dos padioleiros alemães'".

Acabaram de ouvir o recado do cabo Kurowisky. Então prossigam; façam o mesmo. Com ou sem salvo-conduto, a liberdade está ao seu alcance. A aproximação que tiverem que fazer para cruzar as nossas linhas, pode ser feita sem risco, desde que venham desarmados, com a roupa branca por cima do seu uniforme, em coluna de um, ou em pequenos grupos. Escolham: liberdade ou guerra.

A propaganda aliada em língua alemã, realizada por alto-falante, próximo às linhas alemãs, dizia:

Alô, soldado da 232ª Divisão! Escuta soldado! Escuta esta voz que não é sua amiga, mas é sincera. Você, soldado, fique sabendo a verdade — e isto nos basta. A propaganda alemã lhe disse coisas horríveis: que nós aliados fuzilamos todo prisioneiro de guerra, que os soldados negros furam os olhos dos soldados alemães, ou lhe cortam a língua. Tudo isso é mentira. É falso. É apenas para que você resista em sua posição. Você ouviu o aviso alemão, pensou e decidiu que, morrer por morrer, era preferível ficar onde estivesse quando atacado e resistir até a morte. E assim, sem sentir, você se condenou à morte.

Escuta, soldado. Nós afirmamos, pela nossa honra de soldados da liberdade, que cumprimos e cumpriremos até o fim a Convenção de Genebra, que regula o tratamento de prisioneiros. Você não deve e não pode acreditar que será fuzilado se cair prisioneiro. Você precisa fazer justiça aos nossos soldados negros. Eles são bons soldados, disciplinados e humanos. Você é louro, o outro é negro. Ambos são humanos e têm famílias. A propaganda alemã comete uma grande injustiça ao considerar os soldados negros como seres ferozes e desumanos. Nossos soldados negros riem muito quando se lhes fala nesse assunto, e dizem: "É incrível que os inteligentes homens alemães já não sejam capazes de pensar por si próprios".

Praça de São Marcos, Veneza,
Agenor, Menezes, Guttemberg e
"Bola de Neve"

CAPÍTULO VII

Entre Tiros
e Risadas

No inferno do dia a dia, quando se pensava "hoje estou vivo; amanhã sobreviverei?", havia alguns momentos em que os soldados mais intelectualizados, nos descansos próximo ao fronte, tiravam do saco "B" a caneta, o papel e produziam verdadeiras obras de engenharia intelectual, fazendo blague do serviço dos correios, das cartas das namoradas ou da brutalidade da guerra.

A seguir vou citar alguns trechos publicados num jornalzinho que circulava pelo Quartel da Divisão, editado pelo Serviço Social, para onde remetíamos as nossas produções Literárias.

Houve um caso muito comentado, que realmente aconteceu... A publicação saiu assim:

Severino é artilheiro, municiador de um canhão 155mm. É também noivo em Passa Quatro, Minas, de uma moça chamada Maria da Conceição. Quando Severino foi sorteado, há três anos, conhecia apenas Passa Quatro e suas letras não iam além daquelas que formavam o seu nome, assim mesmo garatujadas de maneira irreconhecível.

Há seis meses, Severino atravessou o Atlântico, viu Capri, Nápoles, Pompéia, Cassino e Roma — lugares que tanta gente boa no Brasil vive sonhando em conhecer. Veio para o fronte, cobriu-se de neve dos Apeninos, forrou os pés com feno, calçou galochas, vestiu field jacket americano e aprendeu italiano!

Já não faz nenhuma pergunta sem antes se certificar: "Ha capito?" [Entendeu?]. O alemão agora é tedesco, e do tedesco ele não tem mais paura [medo].

Conceição escreve para Severino duas cartas por semana. Mas as cartas do Severino, que chegam regularmente, nem sempre podem ser decifradas. A princípio, o trabalho era entender a letra — coisa que o tabelião de Passa Quatro já estava ficando prático. Agora, além de grafia, há certas palavras que Conceição não consegue adivinhar e o tabelião de Passo Quatro já não podia explicar.

Ela perguntou ao noivo se sentia frio e se necessitava de agasalho. Severino respondeu: "Niente bisogno [Não preciso de nada]. O Exército 'paga' até roupa demais que a gente não sabe nem como 'portar'" [aportuguesamento da palavra italiana "portare", trazer].

Ela estranhou aquelas palavras e lhe respondeu: "Severino, tu não é mais o memo! Usa palavras tão difice! Tô gostando! Até o tabelião, que sabe de tudo, não te entende. Quero que tu vorte depressa pra mostrar pro povo como tu tá agora...".

O povo de Passa Quatro aguarda Severino. No dia da chegada, Conceição vai preparar para o herói um autêntico tutu à mineira, pois sua mãe é do Sul de Minas. Severino chamará o tutu de "mangiare" [comer].

Na carta do dia 11 de outubro, a noiva já lhe prometeu que o regresso seria comemorado com uma festança e banquete: "Sei que tu é loco por tutu...".

Severino logo agradece a ideia e reafirma: "Dopo la guerra, sposo te. Sarai con me. Tu non sarai mai sola" [Depois da guerra, caso com você. Estará comigo. Você não estará mais só].

Conceição entendeu as primeiras palavras — graças à argúcia do tabelião — e a frase seguinte também, porque ouviu no rádio a canção "Mama querida"...

Dentro da guerra de morte e desesperos, havia uma outra — a guerra psicológica. A nostalgia da saudade. O nosso soldado, pela sua índole latina, era particularmente vulnerável. As cartas que chegavam regularmente, embora censuradas, traziam histórias que o pracinha irreverente sempre aproveitava com bom humor.

Uma delas foi publicada num jornalzinho. Era o caso do cabo José Gusmão:

Roma, ponta de S. Paulo
vista do trem, junho 1945

O cabo José Gusmão pede-nos para protestar contra o Serviço Postal da FEB, a propósito de um telegrama recebido de sua esposa:

Recebemos a visita
do cabo José Gusmão
pra nos pedir obséquio,
de uma reclamação.

Trata-se de um telegrama
da sua cara-metade,
com estas breves palavras:
"Nasceu menino. Saudades".

"Ora", diz o nosso amigo
"que houve engano — é evidente,
pois já faz bem mais de um ano
que da casa estou ausente."

Pede que ataque o Correio
de maneira firme e feia,
pra que o engano não se repita
de aumentar a prole alheia.

Tomamos as providências,
tratamos de averiguar.
Eis aqui a resposta
que podem publicar!

"Engano houve, estamos certos,
mas não é cá da seção.
O Correio não se engana...
Enganado é o Gusmão."

Um fato nos surpreendeu sobremaneira. Foi o episódio da morte do boi.

Na Itália em guerra, no pleno inverno dos Apeninos, o *maiale* [porco] e o *bue* [boi] eram dois animais tratados com todo carinho — diria quase como seres humanos. Os *paisanos* os tratavam e os alojavam em estábulos tão seguros como se fossem uma casamata. Nas casas de pedra, no alto das montanhas, a parte de baixo era destinada ao abrigo desses animais — razão por que o ambiente dos que viviam na parte superior não era muito agradável. Os *sfolati* (fugitivos da zona de guerra), ao migrarem de um local para outra cidade, fugindo dos combates, os levavam com seus principais trastes.

Num determinado dia, uma granada inimiga, apontada para a região onde havíamos instalado o nosso PC — numa dessas casas descritas acima —, atingiu um boi que pastava pelas redondezas. A princípio, desconhecíamos fato. Era algo quase comum quando animais domésticos eram atingidos por estilhaços — e até mesmo atropelados por jeeps e caminhões.

Mas, subitamente, começamos a notar que aparecia uma quantidade de *paesani* não conhecida pela redondeza, o que nos preocupou bastante. A aglomeração em torno da casa, apesar da nossa advertência, certamente chamaria a atenção dos observadores inimigos, que passariam a mirar seus morteiros sobre nós.

Para nossa segurança, começamos a interrogá-los. Então descobrimos o enigma!

Todos tinham vindo à procura do dono do boi morto pela granada para comprar um pedaço de carne. E o que nos surpreendeu foi a presença de pessoas de outras localidades bem longínquas.

Como souberam tão rapidamente? Como? Não entendíamos! Pensei com meus botões: "Diabo! O sistema de transmissão dessa gente é melhor que o nosso!". Nós dispúnhamos de rádios e telefones de campanha. Como chefe de transmissão entre nossa unidade e o Regimento, eu labutava com nossa equipe para manter as nossas linhas livres, os rádios de curta e média distância sempre operantes. Tínhamos mensageiros com jeeps e cerca de uma dezena de homens disponíveis — que sempre reclamavam que para serem eficientes, teriam que levar bobinas de fios, seus fuzis e ração de combate. Mesmo assim, nossas transmissões de rádio sofriam interferências oriundas dos inimigos — razão por que tínhamos de usar gírias e códigos para confundi-los.

A notícia da morte do boi correu célere, precisa, límpida, logo em seguida do fato, e sem qualquer engenhoca eletrônica, códigos e artifícios. Que eficiência...

Mensageiros no Jeep

Quando a Guerra
Mudou Meu Destino

Neste capítulo vou abordar um assunto que muito sensibilizou no período antes e durante a fase da guerra na frente da Itália.

Em princípio, devo explicar que, antes de ser convocado para o Exército, encontrava-me numa situação excepcionalmente promissora, com a perspectiva de um futuro brilhante. Eu era um *trainee* na Anglo-Mexican Petroleum Company — atualmente Shell do Brasil. Fui escolhido para esse treinamento porque a Anglo e as demais companhias de petróleo estrangeiras estabelecidas no país aspiravam pesquisar e distribuir o petróleo brasileiro, pois estudos geodésicos apontavam lençóis na Bahia e no Norte do Estado do Rio de Janeiro — notadamente após estudos do engenheiro Monteiro Lobato. A Petrobras ainda não existia, e as companhias tinham como certas as condições para a exploração do produto brasileiro.

O gerente geral da Anglo Mexican, o inglês Jack Reed havia se casado com uma brasileira e, pensando no futuro, imaginou conseguir executivos entre brasileiros para operar a nova empresa. Treinava-os no país, acolhendo rapazes de bons princípios, com educação universitária, e os juntava aos oriundos da Inglaterra para formarem os dirigentes da empresa revitalizada. Após rigoroso exame de escolha — ajudado por um amigo da família, advogado da empresa — fui admitido no programa.

Estava estagiando já alguns meses no Departamento de Serviços Técnicos, visto estar estudando Química Industrial à noite, e o gerente do departamento era um engenheiro inglês, Robert Nageon de Lestang, que havia chegado ao Brasil havia poucos meses.

R. N. de Lestang era um profissional competente e interessado, mas não falava o português e desejava aprendê-lo o mais rápido possível. Eu falava inglês, aprendido na Escola Berlitz, e necessitava praticá-lo, especialmente para adquirir desenvoltura da fala. Ambos desejávamos nos aperfeiçoar: ele, em português; eu, em inglês. Para tanto, ele mandou instalar uma mesa no seu próprio gabinete para que eu ouvisse o inglês dos funcionários e técnicos conversando com ele. Estaria ouvindo o inglês falado por brasileiros, escoceses, irlandeses, holandeses — cada um com a dicção e sotaque diferente. Cheguei a pensar que iria esquecer o que havia aprendido e jamais aprenderia o inglês correto naquela "Babilônia". Mas, aos poucos, fui me acostumando.

Além disso, havíamos combinado que até o meio-dia só falaríamos em português e depois do almoço, somente em inglês. Fomos vencendo os tropeços, certos que ambos aprenderíamos as nossas respectivas línguas — cada um dando ao outro o coloquial da conversação usual.

Ele foi o meu primeiro amigo estrangeiro na fase pré-militar da minha vida. A vida como *trainee* tornou-se por demais interessante, porque eu participava das discussões técnicas, lia relatórios sobre instalações técnicas de todos os tipos de indústrias e cheguei, algumas vezes, a participar dos problemas discutidos. Nas avaliações feitas sobre a minha pessoa alcancei notas bastante altas, o que me levou a ser indicado para uma bolsa de estudos instituída pela American Trade Scholarship, sob a orientação de Nelson Rockefeller. Por essa bolsa, um estudante brasileiro seria enviado para estudar Química e Tecnologia de Petróleo numa universidade americana.

Após exames e entrevistas com os organizadores, aqui no Brasil, fui indicado para seguir para os Estados Unidos e já me preparava junto ao Consulado Americano, sobre os papéis para a viagem. Inclusive, me fizeram jurar sobre a Bíblia que não iria exercer qualquer atividade política na América.

Tudo seguia o caminho de um destino surpreendente, quando num domingo, após a praia, recebi um telegrama do Exército me convocando para o Serviço Militar.

Considerando a posição em que me encontrava — com malas, praticamente prontas para a viagem — estava seguro de que esta convocação seria anulada. Segui, com toda segurança, na segunda-feira seguinte, para o encontro com o cônsul mostrando-lhe o telegrama recebido no dia anterior. Sua resposta foi imediata: "Qual é a sua posição no Exército? É um oficial importante?"

"Não", respondi-lhe. "Sou um reservista de segunda categoria, com rudes conhecimentos militares obtidos no Tiro de Guerra, ainda no colégio ginasial".

"O que você vai aprender na América, fazendo um curso de três anos sobre Química e Tecnologia de Petróleo na Universidade de Maryland, e após o mesmo sendo transferido da sua companhia no Brasil para o *staff* da Shell Oil Co., na Califórnia, para ser treinado por onze anos na mais moderna refinaria de petróleo da América, isto representa para seu país uma verdadeira vitória jamais conquistada por você, um simples GI numa guerra. Nos Estados Unidos, após todo esse treinamento, você seria levado à categoria de oficial superior. Vou fazer um ofício ao senhor Ministro da Guerra explicando a sua situação de estudante premiado com excelente bolsa, falando razoavelmente bem o inglês, para que seja dispensado visto que os preparativos para a viagem já estavam sendo ultimados".

Voltei tranquilo para casa. Porém, uma semana depois, fui convocado pelo cônsul para ouvir o despacho do senhor ministro, General Dutra. Disse ele: "Que eu deveria me sentir orgulhoso dos meus dotes intelectuais por ter conseguido a bolsa, mas, primeiramente, deveria antes servir à pátria".

Sabendo falar e traduzir o inglês, fui imediatamente transferido para a Força Expedicionária e matriculado no Curso de Transmissões do Exército.

É importante lembrar que o Brasil estava selecionando uma Divisão de Infantaria para ser incorporada ao Exército Americano — ou seja, cerca de 25.000 homens. Mas o Exército Brasileiro não estava preparado para uma das principais armas da guerra moderna: a arma das transmissões — algo que aqui não existia. O Exército brasileiro sempre fora treinado por missão francesa e as transmissões, para nós, não tinham a importância estratégica dada pelos americanos. Havia necessidade de convocar estudantes universitários que falassem o inglês para traduzir os manuais militares e incorporá-los no Serviço de Transmissões — que na América se chama de *Signal Corps*.

Diante dessa nova realidade, desliguei-me da companhia com a promessa de que voltaria à minha posição se voltasse vivo da guerra. Aí estava a minha primeira desilusão!

No Exército, levei alguns meses fazendo exames de saúde, dentários, tomando vacinas e frequentando o Curso de Transmissões. Quando terminamos o curso, eu e todos os colegas universitários fomos promovidos a cabo e incorporados ao 1º Regimento de Infantaria (o Regimento Sampaio) na Vila Militar.

A vida foi muito dura neste período. Levantava-me às quatro horas da madrugada, na minha residência na Rua de Passagem, em Botafogo, tomava um bonde para chegar à Lapa, onde pegava um outro para a Central do Brasil. Exatamente às cinco e quarenta e cinco, partia um trem com destino à Vila Militar — lotado de soldados. Se o perdêssemos, não chegaríamos ao quartel para a formação militar da manhã. A punição prevista era uma cadeia de três dias — o que um dia me acabou acontecendo.

Naquele dia, o trem atrasou por uma questão desconhecida e não conseguimos entrar em forma no tempo devido. Após a apresentação ao comandante, eu e mais uma meia dúzia de pracinhas fomos

Seção do Comando do 4ª
Cia, II Regimento Sampaio,
Itália, Abril de 1945

recolhidos às grades. Foram três dias de completo ócio. Não se podia ler ou ter qualquer outra atividade — até que alguém descobriu que na nossa cela, havia baratas e que, se fossem tiradas as suas asas, dariam ótimas competidoras de velocidade. Com giz, fizemos diversas pistas no piso de cimento da cela para que fossem disputadas corridas das competidoras ortópteras. Esta foi a nossa salvação para alívio do rigor carcerário.

No treinamento, praticávamos simulação de combate, rastejávamos sob fogo de metralhadoras atirando sobre nossas cabeças, marchávamos quilômetros e quilômetros, fazíamos ginástica. Ao voltar para casa, no fim do dia, estávamos exaustos, com a coragem suficiente para comer algo e dormir para acordar novamente de madrugada do dia seguinte rumo ao quartel.

Num desses exercícios feitos no Campo do Gericinó, senti uma forte dor no abdômen — que mais tarde foi diagnosticado como apendicite. Fui internado no Hospital Central do Exército para ser operado. Meu irmão mais velho, Darcy, era médico operador na Casa de Saúde São José e como o HCE estava superlotado com soldados com vários tipos de doenças — inclusive venéreas —, propus ser operado em um hospital privado. Mas esta sugestão foi logo rejeitada. Eu teria que ser operado por um cirurgião militar.

As enfermarias estavam lotadas e, como a crise da minha de apendicite havia melhorado nessa fase pré-operatória, fui internado na enfermaria de neuropsiquiatria — a única com vagas. Foi lá que encontrei um companheiro que me acompanhou durante a estadia no hospital e, mais tarde, nos re-encontramos em combate. Após a guerra, tornou-se um amigo leal, integrando-se ao convívio âmbito da nossa família. Era o sargento José Conrado de Souza — um gaúcho do Esquadrão de Reconhecimento — que ali tratava de uma sinusite. Um com apendicite, outro com sinusite, alojados com nossas camas no meio a pessoas com transtornos mentais. À noite, só se conseguia dormir se o outro ficasse acordado.

Finalmente chegou o dia da operação. O centro cirúrgico ficava no meio de um belo jardim, mas era uma construção antiga. A sala de operação estava no primeiro andar. Não havia elevador — subia-se por uma escada em caracol. Na porta de entrada desse centro cirúrgico havia um banco de madeira onde os pacientes se sentavam para aguardar. Eram chamados de acordo com a ordem da fila.

Aos poucos, fui chegando à porta da sala de operações, à medida que os outros pacientes eram atendidos. Então me mandaram entrar para uma limpeza do abdômen. Depois dessa operação prelimi-nar, um oficial médico anestesista apresentou-se com uma seringa e uma agulha de 10 cm, para fazer uma anestesia raquidiana. Dobrou o meu tronco para frente e, entre duas vértebras, enfiou a agulha, injetando o anestésico. Não se passaram mais que cinco minutos e deitaram-me na mesa de operações. No momento que apertaram o cinto de couro para imobilizar as minhas pernas, a fivela arrancou um pelo. A dor foi imediata.

Alertei-os: "Ainda não estou anestesiado!" — repeti várias vezes.

"Não se preocupe, logo vai sentir o efeito".

Passaram o desinfetante no local do apêndice e, em seguida, o capitão médico-operador pegou o bisturi e começou a fazer a incisão.

"Estou sentindo muita dor!", repetia. Tinha a impressão de que estavam abrindo meu abdômen com um ferro em brasa.

Um pouco tonto, devido ao início da anestesia, pude ouvir o diálogo entre o cirurgião e seu assistente: "Parece que a anestesia não fez efeito. O jeito é continuar a operação com anestesia local".

Durante 90 minutos, me operaram com injeções locais de anestésico, como fazem os dentistas quando vão tratar uma cárie num dente sensível.

O apêndice estava incluso. Mexeram nos meus intestinos, o que me dava ânsias de vômito com os gases intestinais pressionados pelos movimentos.

Depois de terminada a operação, deixaram-me deitado na mesa e se ausentaram da sala.

Havia um mosquito que insistia em pousar no meu nariz e eu mal tinha condições de afastá-lo com o movimento dos braços.

Esperei mais de uma hora, até que apareceram dois enfermeiros — dois brutamontes — com uma maca de lona, sem qualquer cobertura — e certamente bem infectada — para me levar à enfermaria.

Mas estávamos no primeiro andar e, como disse, não havia elevador. Os enfermeiros começaram a descer a escada. No plano inclinado, comecei a descer junto com a inclinação da maca.

O enfermeiro que estava próximo à minha cabeça me disse, negligentemente: "Você está vendo essa alça junto ao seu ombro? Segura e se agarra nela, senão vai cair no chão".

Exangue, sentindo o efeito das dores que o anestésico não havia totalmente eliminado, e assustado com a irresponsabilidade daquela gente, fui para a enfermaria dos operados. Já estávamos no meio da tarde e eu estava assustadoramente pálido, quando me colocaram junto a uma janela, próximo da cama de um sargento, todo quebrado após um acidente de motocicleta. A cada um dos seus movimentos, o pobre sargento soltava um grito de dor, o que não melhorava em nada a minha moral.

Os meus amigos, especialmente o José Conrado de Souza, ficaram preocupados e começaram a procurar o meu endereço para avisar a família sobre meu estado.

Naquela noite choveu, o tempo mudou, ventou bastante e, de madrugada comecei a espirrar. Pela manhã, na hora da inspeção médica, verificaram que no curativo tinha vestígios de sangue. Chama-ram a atenção do médico visitante que constatou que, lamentavelmente, os espirros tinham rompido as suturas.

Com um telefonema para minha casa, avisaram ao meu irmão médico para que ele fosse ao hospital ver o que estava acontecendo comigo. Já havia pas-sado as horas de visitas, e naquele momento estava proibida a entrada de civis no recinto hospitalar. O jeito para levá-lo ao meu leito seria disfarçando-o. Conrado conseguiu um avental branco e, com a ajuda da sentinela, trouxeram-no até a enfermaria.

Darcy achou que o curativo estava bom e, a partir daquela tarde, passou a vir todos os dias me visitar. O José Conrado escreveu um livro biográfico e mencionou essa passagem atribulada no hospital.

Fiquei mais dois meses na enfermaria, com peritonite, trocando curativos diariamente. Quando me deram a "baixa", no boletim estava escrito que eu deveria evitar qualquer esforço físico por 30 dias.

Uma semana depois, embarcamos no navio *General Mann* com destino desconhecido...

CAPÍTULO X

A Última Ordem:
Liderar Até o Fim

Eu não gostaria de personalizar ações dos pracinhas, que foram muitas. Estive em situações difíceis que meus superiores reconheceram — na frente de La Serra — tendo recebido a medalha Cruz de Combate e uma Citação com Diploma assinado pelo Comandante Geral da Força Expedicionária Brasileira, o general J.B. Mascarenhas de Moraes — o que guardo com muito carinho. Mas não vou falar sobre esse ponto.

Todavia quero abrir uma exceção para contar a história de uma amizade — de algumas semanas — e da morte trágica e heroica em combate. Vou narrar como conheci o 2°tenente Francisco Mega e como nos tornamos amigos numa situação que se poderia dizer inusitada pelas circunstâncias em que ocorreu. Estávamos em estado de guerra, quando se pensava: "Hoje estou vivo. Amanhã, só Deus sabe!". As amizades eram quase instantâneas porque tudo se resumia ao momento.

Desde o mês de dezembro, o nosso batalhão vinha sendo acionado na frente do Monte Castelo e estava pronto para participar do cenário onde se registraria um dos mais duros combates da FEB. Em 24 e 25 de novembro, haviam sido realizados dois ataques sucessivos contra esse monte, com apoio da Task Force Americana 45.

O general Mascarenhas, nosso comandante geral, era contra. Ele não queria a força brasileira desmembrada e, em ambas as tentativas anteriores, os ataques haviam fracassado.

Em dezembro, os americanos avançaram e tomaram posição no Monte Belvedere, à esquerda do Monte Castelo, embora este continuasse sob controle dos alemães.

Os alemães guarneciam as cristas do morro, dentro de suas casamatas, e desencadeavam tremendas barragens sobre as nossas linhas, com morteiros e tiros diretos de armas automáticas. Todas as estradas que serviam o vale podiam ser atingidas, mirando nossos soldados e veículos. Por isso, o 4º Corpo de Exército mantinha o vale coberto por névoas artificiais.

Os ataques fracassaram em novembro devido às grandes diferenças de meios e aos vigorosos contra-ataques inimigos. Consta que o 4º Corpo de Exército teria indicado aos nossos atacantes o apoio de 16.000 tiros de artilharia para preparar a tomada do objetivo, mas, por ordem do nosso general Zenóbio, foram disparados apenas 3.600 tiros, porque — dizia ele — nós iríamos tomar o objetivo à "baioneta".

Finalmente, o general Mascarenhas conseguiu dos seus superiores a aprovação de que a tomada do Monte Castelo teria que ser feita por brasileiros exclusivamente.

Em 12 de dezembro, na base da nossa partida, havia um grande número de soldados que chegavam para o ataque e, sob bombardeio do inimigo, a posição transformou-se em verdadeiro inferno de ferro e fogo. Como a missão era manter a ligação das unidades de ataque — os alemães em observatórios privilegiados — alvejavam num quadrilátero de 300 metros quadrados tudo o que era ocupado pelos aliados, transformando em ruínas. Nosso batalhão, detido pela barragem, perdia homens a cada instante, e a arrancada que deveria ter sido feita às 6h30 só conseguimos iniciar às 8 horas.

Nossa companhia recebeu ordem de se deslocar a qualquer custo. Numa casa onde se instalara o PC da Companhia, uma granada atingiu-a em cheio,

OBSERVACOES

— Ataque de Mte. Castelo - La Serra, na base de um R.I. (1. R.I.) (mais esclarecimentos no texto. Confrontar datas da ofensiva da 10a. Div. Mt. com as da FEB, com a qual foi articulada).

— Ataque do vale médio do Marano (de La Serra a S. Maria Viliana) (II/11. R.I.).

— Ataque de Soprassasso - Castelnuovo (de S. Maria e Roca Pitiliana a Castelnuovo), (6. R.I.).

— Apoio e completamento da manobra sobre Castelnuovo. (11 R.I. menos 1 Btl.).

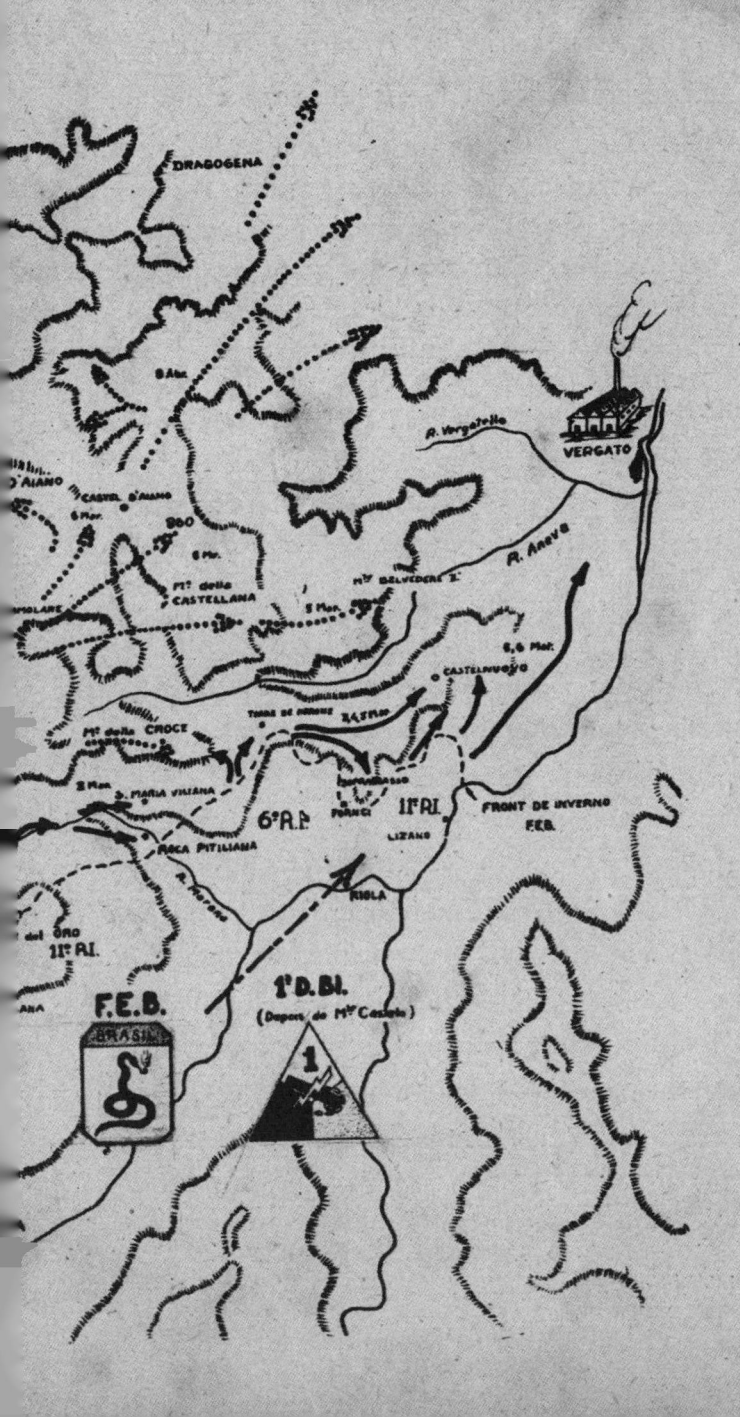

fazendo com que um dos meus telefonistas fosse atirado a 10 metros do seu posto, pelo deslocamento de ar. Através de informações posteriores, colhidas entre os padioleiros, soubemos que ele ficou completamente surdo.

Nosso capitão, por não ter cumprido a sua missão satisfatoriamente, mais tarde foi substituído com problemas "no coração". Mais uma vez um novo fracasso — a retirada daquela noite foi descrita no Capítulo V, quando relatei o encontro com a velha senhora, que chamamos de "nona".

O inverno já havia terminado, e as nossas tropas, que haviam passado este período fazendo patrulhas no sopé do Monte Castelo — esse monstro sinistro — estavam mais calejadas, preparadas e bem municiadas. Os alemães, do alto, dominavam todo o vale, bombardeando as estradas e colocando campos de minas.

No início de fevereiro, houve uma reunião do alto comando na qual foi discutido o rompimento da Linha Gótica e o início da grande ofensiva da primavera. A missão da FEB seria atacar novamente o Monte Castelo, estabelecendo uma estreita relação com a 10ª Divisão de Montanha, tropa altamente treinada que iria atacar novamente o Monte Belvedere, em direção a Castelnuovo. A missão brasileira de tomar o Monte Castelo era, também, um reconhecimento dos nossos comandantes americanos

às tropas brasileiras massacradas nos ataques fracassados. O nosso regimento foi o escolhido porque havia participado dos ataques anteriores e, nesse período de espera, mantivera-se patrulhando cara a cara com o objetivo.

Era um tremendo desafio, porém a tropa estava descansada e preparada.

No dia 19 de fevereiro os americanos atacaram o Monte Belvedere às 23 horas e conquistaram o objetivo no final do dia seguinte. A nossa "hora H" foi determinada para às 5h30 do dia 21 e, nesse momento, deu-se início ao quarto ataque ao Monte Castelo. Pela primeira vez, os aviadores do 1º Grupo de Caça da FAB puderam dar apoio tático à infantaria.

No final da tarde, estávamos dentro dos *bunkers* alemães. Mas, no decorrer do combate, os americanos cruzaram com uma companhia brasileira e, por causa do uniforme — fato já comentado anteriormente — fomos confundidos com tropas alemãs. Houve baixas entre brasileiros e, hoje, sabe-se que Foster Dulles fez menção a esse fato em sua biografia do presidente Castelo Branco — que na época era tenente-coronel e chefe da 3ª Seção da Divisão Brasileira.

Após muito combate, um pelotão chegou à crista do Monte Castelo por volta das 18 horas. A

Aviadores do 1º Grupo de Caça da FAB

Vivaldy, companheiro
de Diel, fronte do
Monte Belvedere

batalha havia sido vencida pela tropa brasileira num combate que a enobreceu.

Há dois episódios que a História reteve e enalteceu sobre a tomada do Monte Castelo — e devem ser relembrados.

Após o combate, tomou-se conhecimento dos "17 de Abetaia", cidade à direita do Monte Castelo. O sargento Rodrigues Filho, nosso amigo e companheiro da 4ª Companhia do Regimento Sampaio, atraído pelo fogo vindo de Abetaia, dirigiu-se para lá com seus soldados. Mais tarde, foram encontrados seus corpos em um semicírculo, onde lutaram até a morte, sem serem dominados.

Outro fato ocorreu em Castelnuovo, quando foram encontrados três corpos de soldados brasileiros enterrados pelos alemães com uma cruz e com o dístico em alemão: "3 *tapfere* – Brasil – 24.01.45" [Três bravos – Brasil – 24.01.45]. Esses brasileiros eram considerados desaparecidos desde o combate fracassado de janeiro. Demonstrando coragem acima de seu dever, esses soldados foram mortos dentro do território inimigo quando todos já haviam se retirado.

Mas, para começar a arrancada final, existiam ainda La Serra e Montese — os últimos baluartes dos alemães no vale do rio Pó.

No comando da nossa companhia, havia assumido um novo capitão: Marcos de Souza Vargas.

Um soldado tranquilo, calmo, que não se deixava impressionar pelas pressões das patrulhas alemãs. Dizia sempre: "No momento, estão pressionando os nossos amigos da direita. Depois virão sobre nós. Por enquanto, vamos descansar". Quando ele recebia uma mensagem de combate codificada, mandava me chamar para decifrá-la e assim eu ficava sabendo, antes de todos, qual seria a nossa missão. Tratava-me com muita cordialidade e, algumas vezes, elogiava trechos das cartas que eu escrevia para o Brasil, que eram lidas e censuradas por ele — como determinava o regulamento.

Uma tarde, chamou-me para informar que a nossa Companhia iria receber dois tenentes vindos do Brasil, no terceiro escalão — voluntários da turma recém-formada na Escola de Resende — que viriam substituir os comandantes de pelotões feridos. Ao seu lado estava um jovem de no máximo 20 anos, tímido, quase imberbe. Disse-me: "Sargento, este é o tenente Mega, que vai comandar o 2° Pelotão. Gostaria que o levasse ao seu PC. Ainda mais: acho que ele é do seu nível social e, pelo jeito dele, vai se dar bem com você".

Depois da despedida, saímos de onde estava o capitão e nos dirigimos para o fundo da casa, para uma porta do fundo da habitação. No terreno, cerca de 10 metros, havia um monte de feno que o *contadino* acumulara para a alimentação do gado.

Traghetto e jeeps, Rio Pó

Cremona, Italia, "Essas nos seriam
endereçadas brevemente"

Disse-lhe eu: "Tenente, no momento em que sairmos da casa, seremos vistos pelos observadores alemães. Vamos dar uma arrancada até o monte de feno e, depois, rapidamente seguir por trás da muleteira, cobertos pela cerca. Pronto?"

Corremos juntos e, quando chegamos junto ao feno, nos atiramos ao solo.

Nesse momento, como ele vinha à frente, seu *combat boot* bateu no meu rosto. Desajeitado, pediu-me desculpas — e, com um "deixa pra lá" e um sorriso, começou nossa amizade. Quando havia algum problema com seus soldados, ele vinha me sondar, dizendo que era bisonho e gostaria de ouvir alguém com mais tarimba de guerra, mas que fosse jovem como ele — alguém que compreendesse o recruta. Não queria consultar um superior, que o veria apenas como um garoto inexperiente.

Frequentemente, nas nossas folgas, discutíamos muito sobre o futuro. Ele dizia o que esperava fazer, esperançoso por chegar a general. E eu, mais revoltado, pensava e lamentava a oportunidade perdida ao ser convocado — tendo deixado de lado uma vida civil cheia de futuro que, talvez, não tivesse chance de recuperar. As cartas que nós recebíamos eram lidas por ambos, sem constrangimento, comentando os possíveis amigos lá deixados, a praia, as namoradas.

No começo da primavera, o generalíssimo Alexandre, comandante do teatro de Operações do

Mediterrâneo, baixou uma ordem do dia concitando as Forças Aliadas a um esforço final que, "não seria um passeio, pois o animal, ferido mortalmente, ainda podia ser muito perigoso". Essa operação prenunciava o conjunto de ações chamadas Ofensiva da Primavera, que culminariam com a rendição incondicional das forças nazifascistas na Itália.

Durante o combate de La Serra, na cota 958, nossa companhia esteve cercada pelos alemães e o único meio de comunicação era o telefone. Durante a noite, tive que passar quatro vezes entre as linhas inimigas para reparar fios telefônicos rompidos pelas explosões de granadas. E, para não despertar suspeitas, fiz isso sozinho. Foi um dos momentos mais dramáticos: infiltrar-se entre as linhas inimigas apenas para manter o contato telefônico com o comando.

Numa citação de combate assinada pelo general Mascarenhas, por essa noite fui agraciado com a medalha Cruz de Combate.

No prosseguimento, o primeiro ponto forte estava localizado em Montese–Montello, já no flanco da 10ª Divisão de Montanha, e coube ao nosso batalhão apoiar o 11º RI e tanques americanos para tomá-la. Nos dias 23 e 24 de fevereiro, o 2º Pelotão comandado pelo tenente Mega tomou a cota 958 sob forte bombardeio. Enquanto abrigava seus homens da barragem inimiga, um estilhaço

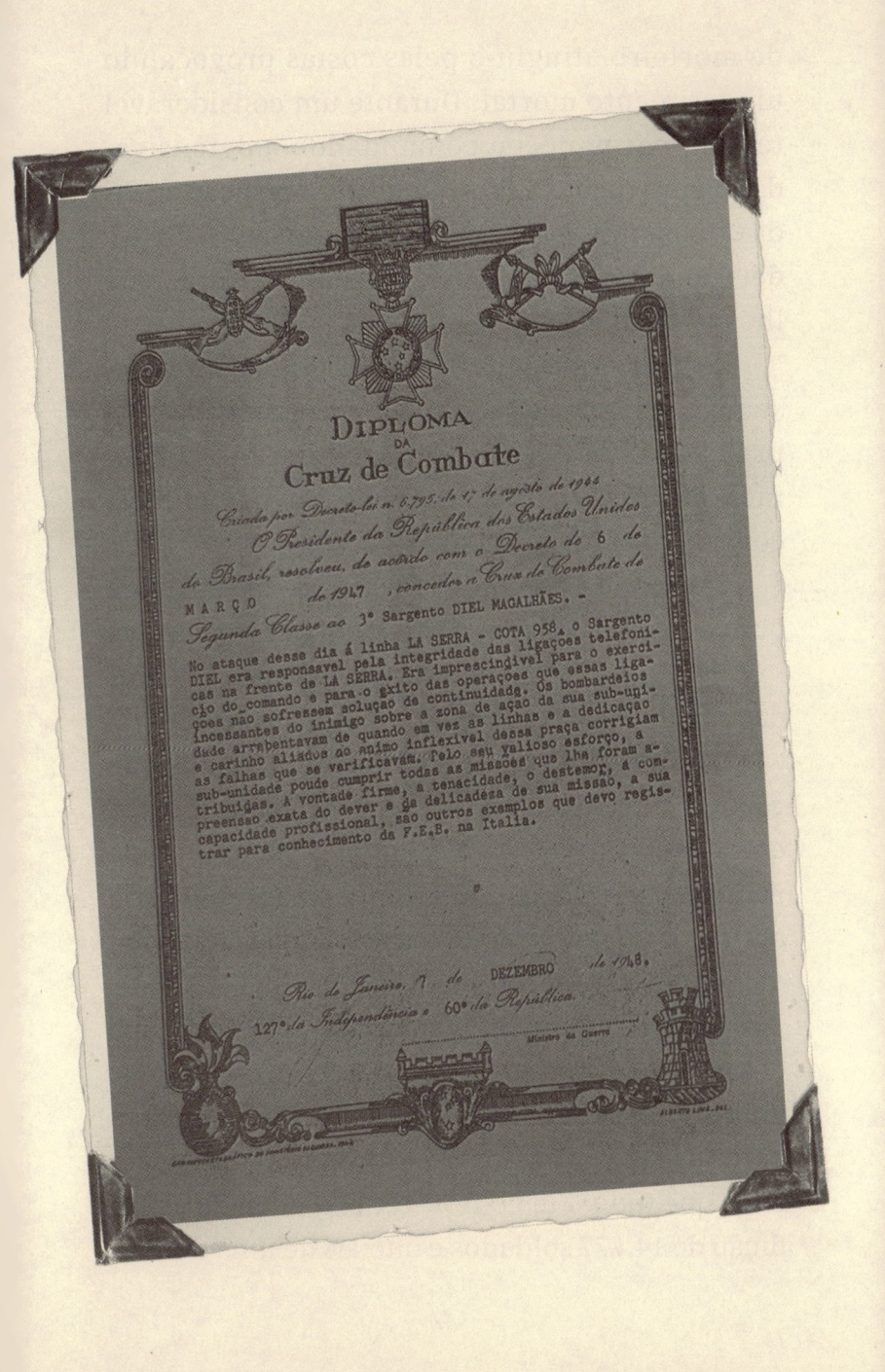

de morteiro atingiu-o pelas costas provocando um ferimento mortal. Durante um considerável tempo, permaneceu comandando a defensiva, dando instruções e informando sua posição ao PC da Companhia — sempre com a carta nas mãos — e delegando ao seu primeiro sargento a missão que lhe era confiada.

Sem sabermos que estava ferido e agonizante, sua voz tornava-se cada vez mais inaudível e nós procurávamos desesperadamente torná-la operacional. Finalmente, sem obter novos câmbios, conseguimos alcançar sua posição.

Estava morto — com o fone ainda em mãos, para que seus subordinados pensassem que estava vivo e os liderando. Em nenhum momento deu indícios da gravidade do ferimento.

Para retirá-lo de onde morrera, tivemos que esperar dois dias, até cessarem os bombardeios de obuses e morteiros. Mandar uma equipe de padioleiros sob fogo intenso para resgatá-lo seria desumano, quando tantos feridos ainda precisavam deles para sobreviver.

A perda do tenente, amigo de todos, foi uma desolação. Outros que se foram já eram veteranos, embora fossem igualmente lamentados, mas a perda de alguém alegre, cheio de vida, parecia doer mais que tudo. Ele poderia ter presenciado a rendição de 14.777 soldados e oficiais de uma divisão

148º Divisão Alemã aprisionada pela FEB, Fornovo di Taro, maio de 1945

Raul e Vivaldy, 8 de maio de 1945, Salsomaggiore

Cabo Naveiros, Tirol, Itália

italiana e o resto da 90ª Divisão Panzergrenadier e o grosso da Divisão 148 alemã, dois generais: um alemão, o tenente-general Otto Fretter-Pico, e um italiano, Mario Carloni, nas margens do rio Taro, em Fornovo.

Ele certamente teria visto um espetáculo em que as honras aos inimigos foram respeitadas, os feridos transportados por ambulâncias e removidos pelo Serviço de Saúde brasileiro até Modena. Uma longa fila de combatentes inimigos, jogando suas armas no chão, entregando viaturas, canhões, armas antiaéreas e grande quantidade de munição — tudo junto aos locais onde ficaram os prisioneiros.

Os generais inimigos foram escoltados por generais brasileiros até o Quartel-General do V Exército, em Florença. Ele se sentiria orgulhoso da brilhante atuação do comando brasileiro, que fez com que os alemães se rendessem incondicional-mente. Mas ficou enterrado no cemitério de Pistoia, numa terra gelada, longe do Rio de Janeiro que tanto amava — posteriormente, seus restos foram trazidos ao Brasil e hoje repousam no Monumento Nacional aos Mortos da Segunda Guerra Mundial, junto aos que morreram no Teatro de Operações da Itália.

Nesse teatro de guerra, a Força Expedicionária Brasileira capturou 2 generais, 892 oficiais e 19.679 praças — num total de 20.670 homens. A FEB teve um efetivo total de 25.334 homens e sofreu 457 mortos, 35 prisioneiros e 1.987 feridos.

Fotografia do 3º pelotão da 4ª Cia.
Regimento Sampaio, alguns dias após a queda
do Monte Castelo.

O Caminho de Volta

Vou começar respondendo a uma pergunta que parentes e amigos sempre me fazem: "Vocês comiam bem?". Sim, comíamos muito bem. Nossa alimentação era balanceada e tecnologicamente preparada para enfrentar as diversas situações de combate — ainda que não muito variada — e farta.

Em um dia típico, ainda com a ração K, recebida no lombo de um burrico conduzido por um alpinista italiano contratado pelo Exército — já que o jipe não nos alcançaria — o pracinha reclamava: "É hoje, pessoal! Meu estômago já não aguenta tanto queijo e patê com bacon!". Essas rações vinham em caixas de papelão parafinado com a marca de meia lua escrito "K Ration", que continham caixas

Diel com o pé em cima das Rações K e munição, Monte Belvedere

Pracinha na hora da alimentação

Porretta, inverno de 1944/45, "Aqui a nossa alvorada era o 105 e o chá das 5, o respeitado 150..."

menores contendo refeições de café da manhã (B), almoço (S) e jantar (D). A do café da manhã — *breakfast* — era composta por queijo, tablete de doces de frutas e chocolate. A caixa do almoço — *super lunch* — continha pó de café, dois tabletes de açúcar, chicletes, cigarros Camel e um rolinho de papel higiênico. A do jantar — *dinner* — tinha uma lata de suco de toranja — para o combate do escorbuto — e um comprimido de Alaren, quinino, para combater a febre tifoide. Algumas vezes recebíamos a ração C — uma lata de purê de batatas com carne moída — quando as circunstâncias permitiam acender o fogo para aquecer a comida. A alimentação quente era produzida nas cozinhas das companhias, que ficavam tão próximas da tropa em combate quanto possível.

Quando havia atividade especial, a cozinha produzia um prato igualmente especial. Os pracinhas conheciam o cardápio por nomes *sui generis* como "camelo" (embutido de carne), "placa base" (omelete com bacon), "tubo canhão" (pão com pasta de amendoim), "casamata"... O menu era conhecido nesse linguajar.

Havia um sinal que todos aprendemos a reconhecer: a "galinha". Ela era considerada um barômetro, anunciando as novas atividades na frente — e não as tempestades meteorológicas. Quando era servida, alguma operação importante estava prestes a acontecer. Se estávamos em operação defensiva, a galinha indicava que passaríamos para a ofensiva, de patrulha a rápidos ataques... Se havia galinha no almoço ou jantar, a cobra ia fumar!

No Natal, quando estávamos em Porreta Thermes, sofremos um terrível bombardeio na hora do jantar quando nos serviram perus americanos — que o pracinha, estranhando-o, replicou: "Eles chamam isto de *turkey*".

Se tivéssemos oportunidade de passar por cidades pouco destruídas, se ainda houvesse um restaurante ou albergue funcionando, aproveitávamos para saborear uma boa massa, galeto com polentas... pratos muito apreciados que eram pagos com dinheiro da ocupação, ou até mesmo com cigarros, chocolates ou café. Recordo-me de ter comido carne de cavalo certa vez, achando agradável, só descobrindo sua origem após a refeição.

Apesar de todas as vicissitudes no período final, o clima soberbo no Norte na primavera italiana, a alimentação boa e saudável, a vida livre e os exercícios físicos constantes faziam maravilhas ao pracinha que, não raro, acabava por engordar. E se, por acaso, encontrava um amigo há muito separado, comentava: "Olá, velho! Como você está gordo! O tedesco nunca o acertou." Ao que se respondia: "Não, estou bem e não entrei nessa safra!"

A rendição incondicional da Alemanha, em 2 de maio de 1945, em Turim, selou o fim oficial da guerra,

Cidade Monte Cassino

Destruição

Verona, ex-via Cavour

Dinheiro da ocupação

mas a volta ao Brasil não foi imediata. Iniciou-se a fase da ocupação. Teríamos que ocupar o território da Nova República. Nosso batalhão ficou na região de Piacenza e Castel d'Aquatro, e como eu falava um italiano razoável após esse tempo na Itália, pude apreciar os costumes, a arte e a natureza belíssima.

Um inquérito militar foi instaurado para apurar um delito entre um soldado brasileiro contra um norte americano e havia necessidade de localizar um intérprete para o oficial brasileiro encarregado de ouvir o *yankee* que se encontrava na fronteira com a Áustria. O meu comandante me indicou para a tarefa. Ao oficial inquisidor, um capitão, lhe foi dado um jeep, um motorista e carta branca para abastecimento e suprimentos. Praticamente como turistas, saímos pela Via Aurelia, passamos por Viareggio, Rapallo, Gênova, Alessandria, Turim, Milão, Verona e chegamos a Veneza. O inquérito não se concluiu e nunca chegamos à fronteira da Áustria. Possivelmente o americano procurado já não deveria estar no local, e possivelmente a caminho da América.

Patrulhamos cidades e vilas e éramos frequentemente envolvidos em brigas e tiroteios entre *partizani* e fascistas. Sendo ambos civis e italianos, colocavam-nos em uma posição difícil e para resolver o problema, deixávamos que se entendessem. Em certas ocasiões, pensávamos: "Terminamos essa guerra incólumes ou feridos, será que agora,

Piacenza, Caserna Alessandro Cassali

Piacenza, pátio da caserna

Castel d'Arquato

Piacenza

esperando a oportunidade de voltar para casa, venha virar um presunto de Parma?" O exagero dessa divergência chegou ao ponto de matarem Benito Mussolini, Clara Petacci e seus seguidores, e deixarem-nos pendurados em um posto de gasolina para a satisfação da ira antifascista.

Finalmente voltamos para o Sul, e em Francolise, morando em grandes barracas de lona, esperamos o embarque no navio transporte *Mariposa*, em Nápoles. Nessa região, desprovida de vegetação e cheia de poeira, ficamos à espera das decisões, ociosos. A polícia militar agia com rigor para evitar problemas de saúde, estabelecendo áreas *"out of bonds"*, proibindo o acesso ao sexo. Mantinha-nos incertos sobre os rumores que chegavam até nós através da correspondência — as autoridades brasileiras não concordavam que o Brasil mantivesse a FEB na Europa.

Os oficiais superiores americanos, no comando do Teatro de Operações, desejavam que a FEB — única nação sul-americana representante na guerra — permanecesse para atuar na ocupação da Alemanha e que, depois, levasse ao Brasil a sua experiência de guerra para o treinamento do Exército brasileiro.

Houve sérias divergências entre os oficiais superiores. O tenente-coronel Castelo Branco, promovido por Getúlio Vargas a coronel por sua atuação no Estado-Maior, por meio de tentativas políticas, tentou que mandassem os oficiais brasileiros para adquirir experiencia de guerra e se tornarem heróis — como o caso do coronel Lott, que veio à Itália com o general Dutra, mas que foi vetado pelos americanos para não quebrar a hegemonia existente na época dos êxitos brasileiros ao final da guerra. O conhecimento dessas tentativas nos deixavam inquietos e com vontade de retornar para casa o mais rápido possível.

Por fim chegou o dia que entramos em caminhões para Nápoles. Embarcamos no transporte *Mariposa* no dia 12 de agosto. Chegamos no Brasil no dia 26 de agosto pela manhã e desembarcamos na praça Mauá, seguindo para um desfile na Avenida Central, e uma última viagem de trem até a Vila Militar, ansiosos para encontrar amigos e parentes em nossas casas — o que ocorreu no final da noite.

A visita ao quartel era necessária por razões técnicas, mas para mim era agonizante, pois havia lembranças que desejava tirar do saco B — meu diário, a máquina fotográfica e outras lembranças como o estilhaço que me atingiu na cabeça, medalhas, capacete... — o que consegui após algumas horas.

A chegada em casa, no Jardim Botânico, foi um momento de grande emoção. Ver meus pais, meus irmãos e amigos, trouxe muita alegria. E ainda pude conhecer a residência que eu havia dado palpites ao meu pai e ao construtor, e que havia sido construída em minha ausência. Era bom estar em casa.

Barracas

Navio S. S. Mariposa

GLOSSÁRIO TEMÁTICO

GLOSSÁRIO FEB – ARMAS, EQUIPAMENTOS E SUPRIMENTOS ARMAS

Tommy Gun

Metralhadora portátil americana, oficialmente chamada Thompson Submachine Gun. Usada pelos pracinhas para combate de curta distância, confiável em ataques a casamatas e patrulhas noturnas.

Morteiro shrapnel

Trata-se de uma granada de morteiro com carga de estilhaços, projetada para: explodir no ar ou próximo ao solo, e dispersar fragmentos letais num raio amplo, visando atingir infantaria (soldados) em campo aberto ou em posições parcialmente protegidas.

Browning Automático (BAR - Browning Automatic Rifle)

Fuzil automático pesado de apoio individual. Lançava rajadas mais precisas que as metralhadoras leves, essencial para cobrir o avanço da infantaria.

Bazuca

Lança-foguetes portátil antitanque americano, usado para destruir veículos blindados e fortificações inimigas. Requeria dois operadores.

Metralhadora Ponto 50 (M2 Browning)

Metralhadora pesada de grande calibre (.50), montada em caminhões, tanques ou em postos defensivos, eficiente contra infantaria, veículos e aeronaves de baixa altitude.

Metralhadora Lurdinha (MG-42)

Metralhadora alemã de alta cadência de tiro, apelidada de "lurdinha" pelos pracinhas por seu ruído, parecido com uma máquina de costura.

Obus 105 mm

Peça de artilharia média americana usada para bombardeio indireto. Servia tanto para preparação de ataques quanto para bombardeio defensivo.

Obus 155 mm

Artilharia pesada americana, usada em barragens intensas para quebrar defesas alemãs antes dos avanços da FEB.

Granadas de mão

Explosivos de curto alcance, utilizados em ataques a casamatas, trincheiras e para limpar edificações.

Morteiros 88 mm (Nebelwerfer e outros modelos)

Arma de artilharia alemã de médio calibre, empregada para ataques indiretos de alta precisão contra posições aliadas.

Booby Traps

Armadilhas montadas pelos alemães, geralmente em casas abandonadas, cadáveres ou objetos abandonados, armadas para explodir ao serem tocadas, usadas para atrasar ou desmoralizar tropas avançando.

Lanchas LCI

As lanchas LCI são embarcações militares conhecidas como Landing Craft Infantry, ou seja, Embarcações de Desembarque de Infantaria. As LCIs eram usadas para transportar e desembarcar soldados diretamente nas praias, especialmente em operações anfíbias durante a Segunda Guerra Mundial.

EQUIPAMENTOS E SUPRIMENTOS

Ração K

Conjunto portátil de alimentos enlatados para um dia, criada para missões rápidas. Dividia-se em breakfast (café da manhã), supper (almoço) e dinner (jantar), contendo queijo, bacon, chocolate, frutas secas, chicletes, café solúvel, cigarros e papel higiênico.

Ração C

Latas maiores com refeições prontas como carne com batata ou estufados de carne moída. Necessitava de aquecimento para consumo ideal.

Buyon (Bouillon)

Tablete de caldo concentrado de carne ou galinha dissolvido em água quente, usado como bebida reconstituinte nos acampamentos.

Suco de Grape-fruit

Suplemento cítrico enlatado fornecido com as rações para prevenir doenças como o escorbuto (deficiência de vitamina C).

Comprimido Alaren (Quinino)

Remédio incluído nas rações para prevenir febres tropicais e malária, especialmente em regiões pantanosas.

Combat Boots

Botas militares reforçadas usadas pelos soldados para longas marchas e terrenos acidentados, fundamentais nos rigores dos Apeninos.

Saco B

Espécie de mochila grande do Exército, onde o pracinha carregava pertences pessoais, parte dos equipamentos de campanha e lembranças.

LOCAIS E TERMOS GEOGRÁ COS

LOCAIS E REGIÕES

Monte Castelo

Montanha italiana de 1.030 metros na cordilheira dos Apeninos, na província de Bolonha. Palco das mais duras batalhas da FEB. Conquistado em 21 de fevereiro de 1945 após quatro tentativas.

La Serra (Cota 958)

Ponto estratégico no maciço dos Apeninos. Sua conquista foi fundamental para a continuidade da ofensiva final dos Aliados no Norte da Itália.

Silas-Porreta-Gaggio Montano

Região montanhosa altamente defendida pelos alemães, entre Bolonha e Pistoia. Áreas vitais na linha Gótica, usadas para barrar o avanço aliado.

Vale do Pó

Planície extensa no Norte da Itália, cercada pelos Alpes e pelos Apeninos. Região agrícola vital e rota estratégica para a movimentação de tropas aliadas após a quebra da linha Gótica.

Filetole

Pequena vila perto de Pisa, Toscana. Local onde unidades da FEB ficaram acampadas em barracas aguardando o embarque de retorno ao Brasil.

Lago de Como

Lago no Norte da Itália, próximo da fronteira com a Suíça. Região onde Benito Mussolini foi capturado e executado por partisans em 1945.

Francolise

Município na província de Caserta, região da Campânia, Itália. Local onde tropas da FEB ficaram acampadas aguardando transporte para retornar ao Brasil.

Porreta Terme (Porretta Terme)

Cidade termal localizada nos Apeninos, usada como base de descanso e reorganização pela FEB após combates intensos.

Rocca Pitigliana

Pequena localidade montanhosa em Emilia-Romagna. Foi cenário de combates entre a FEB e forças alemãs durante o avanço pela linha Gótica.

Abetaia

Vila próxima a Monte Castelo. Durante os combates, um pelotão brasileiro resistiu bravamente ao ser cercado, sendo posteriormente homenageado.

Castelnuovo

Localidade italiana conquistada pela FEB, onde foram encontrados corpos de soldados brasileiros enterrados pelos alemães com homenagem como "Três bravos".

Montese

Cidade na província de Modena, conquistada pela FEB em abril de 1945 após intensos combates urbanos, marcando o rompimento definitivo da linha Gótica.

Rio Affrico

Um pequeno afluente do rio Arno, que atravessa a cidade de Florença. Embora modesto, o rio e suas redondezas tinham importância estratégica, pois o terreno ao redor era montanhoso e difícil, ideal para resistência e emboscadas. Região de Affrico: refere-se também a áreas próximas ao rio que foram cenário de conflitos entre tropas aliadas e forças alemãs em retirada.

TERMOS GEOGRÁFICOS E MILITARES

Terra-de-ninguém

Faixa de território entre duas linhas de frente opostas, sem ocupação permanente. Constantemente patrulhada e extremamente perigosa.

PC (Posto de Comando)

Local onde o comando da unidade estabelecia comunicação e controle das operações de combate.

Paese

Termo italiano para "aldeia" ou "povoado". Muitas vezes os combates ocorriam em pequenos "paesi" nos Apeninos.

Teatro de Operações

Área geográfica onde se concentram operações militares. Para a FEB, era o front italiano controlado pelo 5º Exército dos Estados Unidos.

Linha Gótica

Última grande linha defensiva alemã na Itália, estabelecida de Massa (no mar Tirreno) a Pesaro (no mar Adriático). Rompida pela FEB e pelos Aliados em 1945.

Contadino

Camponês italiano. Muitos camponeses ajudaram (ou, por necessidade, toleraram) a presença das tropas brasileiras.

Partisans (Partigiani)

Resistência civil armada, majoritariamente de orientação comunista, que combatia tropas alemãs e fascistas na Itália.

Maquis

Grupos de resistência da França, usados também para descrever guerrilheiros na Itália e em outras regiões dominadas pelo Eixo.

ANEXO

Diário de Guerra Manuscrito

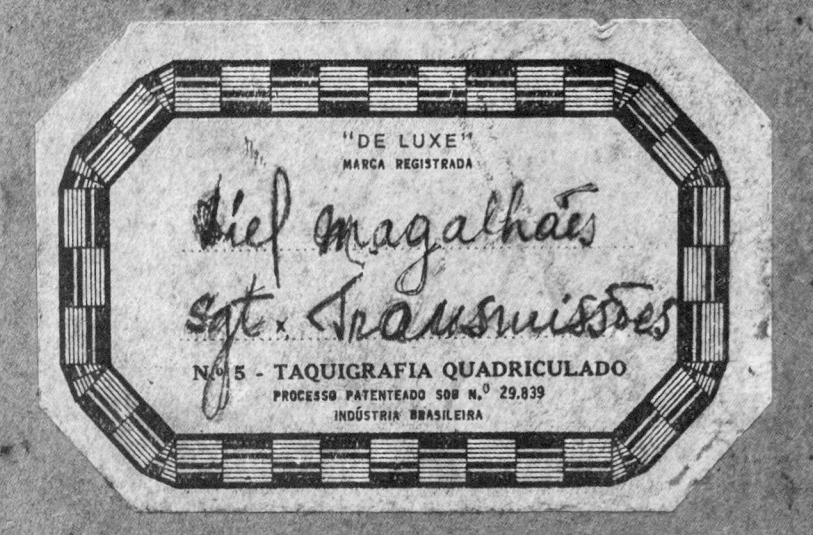

I) Compartimento A-404 L. "SS. General H.A. Mann.

Antes de descrever nesta série de ~~impressões~~ o ambiente em que fizemos a travessia do Atlântico, quero deixar as minhas impressões dos dias que precederam os fatos que vou narrar.

Desde que deixara o hospital, encontrei o regimento sempre sobre aquela expectativa que há três meses atráz deixei. O nosso coronel, sempre advertindo sobre a partida que nunca chegava. Todos tinham a impressão que não iriamos embarcar... Dizia-se que, com a demissão do ministro da R. Exterior-es, não haveria embarque do restante da tropa. Assim pensavam todos as pessôas de minhas relações que afirmavam ter conseguido informação de fontes oficiais... No dia em que me apresentei a companhia, o capitão me dissera que estava excedente e que não embarcaria, caso houvesse embarque, o que ele francamente admitiu que não seria, o caso.

Dias após houve uma inspeção médica, que mais se poderia dizer: dentaria! Muitos foram julgados inaptos, houve novas apostas, e já me passei novamente a afeto.

Na terça-feira, setembro 12, ao chegar em casa após a jornada de domingo, segunda e terça, encontrei vovó morta, falecida a noite anterior. Já estava no cemitério quasi a hora do enterro. Lá encontrei todos os parentes muito tristes e, a mamãe ainda mais transtornada, pois julgara que já tivesse partido. Senti que a minha chegada lhe aliviou muito o seu pobre coração, e, com aquilo, acho que também ela se convenceu que não mais voltaríamos. Entretanto, na quarta-feira - recebemos ordens para que não fizéssemos as ultimas despedidas! Sexta-feira a noite avisei ao Darcy, Jalma e Osvaldo que não mais voltaria. Entretanto no sabado ainda nos permitiram voltar à casa até as 5 horas da tarde. Estive com Helio, Osvaldo mas nada disse à mamãe. Passei os meus ultimos momentos com os meus, que honestamente afianço foram menos pensos que pensava. Entretanto estava firmemente convencido da partida. O domingo, 17 se passou-se no quartel num ambiente de alegria, musica, otimismo. Cinema a noite, animação, etc e o tempo se esgotou rapidamente, os dias 18 e 19.

Na quarta-feira, 20, nosso dia D, a alvorada foi tocada às 4.50 para nosso batalhão. Tomamos trem em Vila Militar às 8 hs. Na véspera escrevera uma cartinha para casa, despedindo-me da mamãe e ao mesmo tempo, escusando-me por não poder assistir a missa de vovó que seria nesse dia. Momentos antes de embarcar defronte ao 2o R.I., encontrei-me com o Henrique A. Lucas, a quem pedi avisos em casa.

O trem partiu todo fechado, aliás, precau ção desnecessaria pois todos unidos haveria saber da nossa partida. Pelas estações, os passageiros nos acenavam. Como se diz, na gíria o trem todo fechado "dava muita pinta". Fomos até o cais, onde embarcamos no transporte Americano 112 "S.S. Gal. Mann".

Ao passarmos a ponte de embarque recebíamos um cartão, de côres diversas, correspondendo ao "deck" a que se iria alojar. Nesse cartão, seriam controladas as rações trocas a bordo.

Fui alojado no Compartimento A-404-L 4° deck, Beliche n° 97.

Eis pois o ponto a que passo a descrever, hoje passado já varias semanas. Não sei porque, porém, julgo ser hoje o dia propicio para tal. Chove torrencialmente nesse momento, e eu, debaixo da lona de uma barraca muito humida, me sinto com a verve para comparar esses lugares. Há em casa, uma cama macia, lençol e colcha alva; no navio, igual ao negreiro civilisado, um beliche de lona, tiços, piados e expressões mais variadas de soldados e hoje nos arredores de Pisa, debaixo do céu da famosa e humilhada Itália, resfriados, friorento, mas satisfeito. Os pingos grossos da chuva atravessam o mosquiteiro, e a agua penetra por baixo da lona. Como é estranha a vida de um homem...

Voltemos porém ao compartimento A-404. Dizia eu 4° deck, pois é, bem a linha d'agua sobre a minha cabeça um mundo de fios e cabos da rêde eletrica, tubos de ventilação, sistema de alarme, e radio-communicação. O compartimento não deixa de ser confortavel quando se olha o fim a que se destina. O assoalho é de oleado verde escuro e o teto de chapa, pintada de branco. Estamos 400 homens alojados ali. Uma ratoeira, sim pois é essa a minha impressão, porém uma ratoeira confortavel. A temperatura é elevada e o ar, abafado. Dizem que o ar melhorará quando o navio partir. Sua altura não será por certo mais que 3 metros. Compartimento ex-tanque, possue somente uma escada de subida, outra de descida, que em 3 lances leva a coberta descoberta. À noite logo ao pôr do sol, apagam-se todas as luzes e somente 3 ou 4 luzes vermelhas iluminam a nossa tôlda, e então começa-se a suar, suar sempre no escuro. A impressão que se tem é de coisa muito diversa... Entretanto logo fizemos uma descoberta, ir nos bater um "papinho" à ponte do refrigerador. Diz-se serviço a bordo. A faxina, se resume em arrumar, lavar e espelhar as paredes, e chão. E a inspeção diaria feita pelo "General Alarme" é duríssima. Regime e disciplina americana... passando o dêdo atraz de poeira.

O segundo dia de viagem, sábado 23, foi o mais penoso para mim. Estava de adjunto ao oficial do compartimento. Foram 34 horas terrivelmente lentas. Na faixina, à vista de vômitos e dos odiados "ruídos" que se lhes seguem, foram algaris para meu pobre estômago. O mar estava realmente ruim e bravio, apesar de toda a sua magnitude de 35.000 tons rebolava o um pouco. Depois veio a bonança e tudo ficou OK. Diariamente às 13,30 tínhamos o toque de alarme, para o exercício de postos de combate. Neses exercícios, simulava-x que o navio entrava em combate e que, após o mesmo, tivéssemos que o abandonar. Apontava-se o salva-vidas, que obrigatoriamente trazíamos conosco e ainda mais o contil, um abrigo e o bornal, com qualquer artigo pílgodas de primeira necessidade para seu portador. A disciplina é feroz! Quem é apanhado com seu salva-vidas desabotoado durante o exercício, fica sem o cartão de rações por um dia. Se dá alteração, vai para o bailéu, pequeno compartimento acolchoado, (o infeliz pode gritar e esmurrar à vontade) a nossa a pão e água - durante a noite, a sentinela, gentilmente, se encarrega de mantê-lo acordado, batendo constantemente à sua porta. Passaram-se os primeiros dias, e parecem todos repetos dos 3 primeiros dias do mar bravo. Joga-se damas, cartas, lê-se, faz-se muita troça com as ordens que são transmitidas pelo rádio e telefone interno. O soldados não as compreendem quando são ditas em inglês para Tripulação, de trusão-nas. ex (please down to 222.) O som de too, too, too, dizem que vamos ter "tutu." meus méritos já foram reconhecidos pois que já servo como intérprete nor várias ocasiões. Os colegas querem sempre saber como se diz, "mais por favor" a chave para o rancho!... As oportunidades para se falar à um tripulante não são frequentes, porque seus alojamentos são separados dos das tropas. Somente quanto estão a serviço pode-se ter uma pequena "chat" Enfim, estou satisfeito. Conheço alguns dos tripulantes que de modo geral são bem amáveis. Trabalham muitíssimo, mesmo assim são muito alegres e accessíveis. O Green, Sullivan e Kolostein são exemplos são ótimos exemplos. O Johnnie Kolostein por exemplo, um entusiasta que se enamorou de uma brasileira sta. Odaléia Melo, moradora à rua Conde de Bonfim n 5; não podendo escrevê-la em inglês (ela não o compreende) e não sabendo português (ele está muito interessado em aprender) procurou-me para traduzir-lhe uma carta muito amorosa pedindo-lhe que lhe escrevesse e mandasse um seu retrato. Estivemos conversando, e fiz-lhe sentir a maneira pela qual nós brasileiros encaramos o namoro, e ele

... ter notado, pois que não conseguira
beijá-lo ao se despedir. Passou a ser muito
colaborador meu, mostrou-me 2 grandes
álbuns de suas viagens. Vi coisas interessan-
tíssimas, e acabei por lhe ensinar alguma coisa em português. No outro dia teremos uma secção de "interswing". A bordo
compra-se na cantina chocolate, amendoim,
com que se completa pouco o rancho.
O banho de água doce é uma tragédia.
Creio eu que tomar banho de agora em
diante será sempre a mesma coisa.
Primeiro tem-se que acostumar-se a
fazer tudo que se "necessite", em público.
Nada é privado, nem mesmo os privados...
A fila é enorme, porém o que é mais peus-
ta é a lavagem de roupa. Se todos os
homens lavassem as suas roupas, dariam mais valor às mulheres e às
lavadeiras, em particular. Lavar roupa
a bordo, supera a todos suplícios!
Somente obtínhamos água nova isso das
17 às 20, um mundo de gente, uma
pia muito pequena, um calor infernal
e sem espaço algum para se estender a
roupa ou mesmo os braços.
A polícia de bordo, as justinções as mãos
e contra-mãos, enfim os ovos estragavam
toda a beleza da festa. Não se podia parar
perto das máquinas, era proibido fumar
somente na coberta, não deitar sobre
o salva-vida, descer às 18 horas e permanecer no escuro até a 6hs. do dia
seguinte. Fazia-se fila para o rancho
que me torturava demais. O cheiro
característico de bordo me deixava sem
nenhum apetite. Por outro lado comia-se
às 6hs e às 8horas da tarde.
Entretanto, ao terminar essa minha
primeira impressão, sinto imensamente
não poder imprimir aqui o cheiro de
rancho ou do ambiente.

II – O Rancho "chow"

Para/de quando em vez, esta palavra me traz
recordações tristes, então sinto arrepios que certamente não são de frio...
A "chepa" é bastante abundante, porém, quasi
que invariavelmente, não aprovamos o seu tem-
pero. O arroz, aliás sabiamente, apelidado de
"sempre miudos venceremos" era uma papa
líquida, completamente sem sal. A carne picadinho
tinha um gosto tão picante... Ajudava-nos
muito as frutas, o pão, o leite porém, o café
era terrível... Doces e geleia, quasi sempre, e o
feijão, quando vinha à mesa era adocicado.
O nosso cafezinho à brasileira era lembrado
com muita saudade. À noite, às puxadela

quando alguem conseguia assucar ou café, lá ia ao bar/balcão, se fazia uma caneca de café, geralmente tomava pouco mais que um golesinho, pois os espectadores não deixavam ir adeante. Durante o rancho a atividade era notável. Entra-se por uma porta com o cartão ao peito, fura-se o cartão (como nos domingos) apanhava-se uma bandeja de aluminio com com concavidades de diferentes formatos, uma caneca de e uma chica de porcelana. Comia-se em de pé, apoiando-se sobre maciças.

Em 2 horas e poucos serviam-se os 600 homens de bordo. A cozinha e a copa de bordo não teem descrição possível. Constantemente o auto-falante a nos buzinar aos ouvidos que comessemos depressa, que haviam 5000 homens a serem alimentados, e que deixassemos todo o detrito na chica apropriada.

III) O pessôal, os passatempos e divertimentos—

O segundo e terceiro dias foram os peiores dias de viagem para nós. A grande maioria enjôou a valer. até então o pessoal de nostra alegre, risonho, jogando cartas, damas, etc. De uma maneira geral houve um subito interesse pelo inglês. Creio eu que era defesa pessoal porem mais se interessavam os gustões. Muitos se allegavam a mim: "sargento! como se diz quero mais uma xicara em inglês?" casualmente encontrei-me com uma gramatica italiana e tomei um subito interesse pelo italiano. A lingua não parece dificil e com a ajuda de um soldado que ira 13 anos na Italia, já "capisco" um pouco do italiano. Ontem, durante a passagem do Equador houve uma festa tradicional. A pantomima passa-se da seguinte maneira: O rei Netuno reune a sua côrte para julgar os impostores que invadiram seus dominios (o general e os altos patentes que o acompanham na viagem) Netuno e sua espôsa (um guardasinho narigo americano que sem entender o que se diz fala-se o portuguës, mostra-se risonho, sempre mostrando o imenso seio, a sair-lhe pela camisa. em dado momento alguem inadvertidamente encosta um cigarro e a rebenta-lhe o balãosinho que lhe servia de recreiado, peito. Há o barbeiro real, que faz a barba dos sentenciados. O marujo que o representava, num autentico gesto democratico lambusou o rosto do nosso, aliás sempre risonho, general e dos coroneis presentes. Depois com uma enorme navalha de madeira escovou-lhes o rosto. Em seguida comparece o médico de Sua majestade, o padre que o assiste, o guarda real, etc.

A festa foi muito alegre, tirou-se muitas fotografias e filmou-se varias cenas. Creio que saí mais de uma vez. Terminou a festa o gal. oferecendo ao cmt. um rico relogio, ao cel. mar. Nair (General Salume) uma cigarreira, ao medico e ao cpt. intendente uma pedra preciosa.

À bordo editava-se um jornalsinho denominado "A sobra Fumos", Ao passarmos o Equa

dor o comandante ofereceu o prêmio de $100 US. a quem divisasse primeiro a linha do Equador. Ainda houve muita gente de se levantou bem cêdo e subiu ao convés em busca dos cem dólares. No boletim de bordo, entre cousas sérias, tais como recomendações para alarme, ordem de bacina etc, apareceu um aviso, autenticando, que não se alarmasse se durante a passagem do Equador o navio fosse sacudido. É que provavelmente as hélices se embaraçariam na linha equatorial. Foi nesse espírito que atravessamos o Atlântico e o Mediterrâneo. Ainda temos nos ouvidos, algazarras alegres dos "Haba Haba" e do "let's go" dos marujos. Tenho gratas lembranças do Johnnie, um alegre eletricista apaixonado de uma brasileirinha. A sua paixão me fez rir diversas vezes quando ao pretender ensinar balouças em português, após tremendos esforços, ouvia sair os mais engraçados sons.
Bôa gente aquela.

Um fato interessante: um colega achou em um dos bolsos do seu "para-quedas" avelido que devemos aos nossos salva-vidas, uma mensagem de um prisioneiro italiano que estivera 19 meses no Egito. Deus sabe onde estará ele agora.
Outro achou um bilhete de um dos soldados brasileiros que nos precederam. Certamente pensando com raiva nos que ficaram no Brasil escrevera, se referindo ao navio: "volta, volta, miserável, vai buscar o salvério." coitado, estavam se sentindo isolados e desejaram 'cordialmente' a nossa companhia.

O comboio:

Os dois transportes de tropas foram comboiados indistintamente, até certa altura, por nossos brasileiros e americanos. Então somente por americanos e ao passar o Gibraltar, por americanos e ingleses. Tivemos a altura de 'Natal por dois dias a escolta de blimp, avião, e novamente no Mediterrâneo por aviões 'da RAF.
Apezar da escolta eu disse os entendidos, eram 40 navios, pois o nosso transporte possuia 4 embotes, inúmeras metralhadoras e bons poços. Apezar de tudo isso dizia eu, estivemos duas vezes em contacto com submarinos. A primeira vez estávamos deitados na coberta quando o cruzador deitou bombas de profundidade e começou a fazer uma série de manobras. Durante do um susto saiu da formação. O acontecimento, anunciado imediatamente pelo radio de bordo, longe de causar pavor, foi até algo de curiosidade. O segundo contacto foi estabelecido a noite. O perigo que mais eminentemente nos afetou foi no Mediterraneo, alta inacabada. sempre navegamos fazendo o navio uma espécie de S. Pois bem, em dado momento, o outro transporte veio em cima

do nosso que só por muita culpa do seu piloto evitou um choque fatal. Os que estavam acordados naquele instante sentiram o súbito estancar do navio, e saída dos maquinas em direção à ré. A minha grande diversão era vigiar o 'Radar' sempre a girar. Quando pela primeira vez apareceu-nos o Blimp, o aparelho acusou imediatamente a sua aproximação e sua direção, muito antes de se avistar no horizonte' qualquer ponto.

Diariamente tínhamos o exercício de alarme e de quando em vez exercícios da artilharia anti-aérea em algo passado por aviões. Os exercícios diários já se tornaram enfadonhos, porém, o Cel. Alarme, o exigia sempre com o mesmo rigor. Muita gente perdeu seu cartão de rações por, num dia por ser encontrado com o salva' vidas desabotoado. Dormíamos sempre com o salva-vidas à mão, e com ele um aparelho e um bornal contendo coisas de primeira urgência.

Os primeiros navios que vimos foi dois pesqueiros de madeira ao largo dos Ilhas Canárias.

O QUE PENSEI EU NESTES DIAS.

Eis aqui a parte mais difícil de escrever. Não sei mesmo porque abri semelhante título. Sobre a guerra, sobre o nosso futuro? — Francamente, s/ nenhuma ostentação, em nada disso eu penso. Não sei bem, mas invadiu-me uma completa indiferença por essas coisas.

A única coisa que me preocupa de vez em quando é sobre a sorte do meu pessoal, mormente da minha mãe a quem disse sem praticamente me despedir. Quando deixei-a sábado à tarde tinha certeza que não mais voltaria, porém, não tive coragem para enfrentar a cena da despedida.

A bordo estava sempre em companhia do Pedro, Kalil, Wernager e Vasconcelos, antigos colegas do B.I. A nossa moral estava sempre elevada. Estávamos sempre em conhecer as belezas da Baía de Nápoles, o reaver a Florença de Dante, a Verona de Romeu e Julieta, Milão e seu famoso scala, Roma e o Vaticano. Não pensávamos um instante Gótica, e quando fazíamos só fazíamos votos para que o nosso pessoal a tomasse logo e nos presenteasse.

Falava em comer uma Pizza napolitana e "bevere uno bicchiero di vino".

Ontem 24 de Setembro, após o black-out deitei-me no beliche do Dona e me puz a pensar em casa, pela primeira vez era a data natalícia da mamãe.

Fazia um calor terrível, pois estávamos muito próximos ao Equador e lá em baixo no 4-404-h a coisa era mesmo terrível. Entretanto aquela noite suei demais.

Enfim como a gente sua de medo, é bem possível que tivesse suado de saudades. Justamente lembrei-me que tinha o invocação horrivelmente, d'ai tomei uma súbida resolução. Passei a mão no sabonete, a escova, colarinho, na d'luz vermelha e ... dos banheiros, às 8 horas aproximadas.

mente, cometi o "crime da mala" — tor-
banquei a lavadeira pela primeira vez na
vida. Foi uma experiência terrível, pois
no mesmo instante foi-se a mordalgia.
Por terem sido atacados, correu o boato a bordo
que no Rio acreditaram que tivéssemos sido torpedeados. Consta que foi torpedeado um cargueiro
que deixara Recife em busca de proteção da
nossa escolta. Nem um só dia foi tomado
se venceu ou susto. Muitas vezes pensei que
somente ao olhar a imensidão das águas,
pensando no Francisco submarino, iria me
desesperar. Por mais de uma vez, insisti
nestes pensamentos porem não houve nenhum
sua reação. Estava realmente calmo.
Mesmo quando entramos na zona de maior perigo quando recebemos ordem para dormirmos
vestidos, já considerava aquilo um hábito. Entretanto, houve a bordo dois casos graves de lou-
cura.

De vez em quando pensava na Branquinha
e sentia saudades sua. Coisa que fui muito rude
para com ela. Sentir-me-ia muito satisfeito
se ela pudesse compreender o meu ponto de vista.
Quando chegar a terra talvez lhe escreva como
um amigo velho, como "irmão".

Chegou hoje o dia ansiado. Vamos ver terra
após tantos dias. É logo o velho Gibraltar.

Senti muito emocionado quando subitamente, ainda incertos se seria uma maré
baixa, avistamos as primeiras sombras de
terra: as verdes montanhas do Marrocos Espanhol. À noite, por deferencia do comandante,
poudemos permanecer no convez, desde que
não se fumasse ou acendesse qualquer luz.

Aquilo estava muito frio, e eu, pela primeira vez vi as minhas "euras de lá", sentia uma sensação diferente. O céu, também
pela primeira vez, vimos uma constelação
completamente diferente. Ja jã não estava o
velho Cruzeiro do Sul. Rumamos sempre para
leste. Começou a entrada do canal. Por bom
go tempo os navios em fila navegava por
entre as montanhas escuras da Africa e da
Espanha. Avistamos a primeira luz: o farol de
Spartavel e em seguida o de Malabante.
Uma série enorme de pequenos faróis e,
subitamente uma encosta toda iluminada
como um presepe; Tanger. De vez em quando
os faróis dos vasos de guerra em Gibraltar
ainda ao longe, varreu o mar.

Por nós, navegando todo iluminado passa
um navio hospital. Passa Tarifa (Espanha) e
estamos defronte ao colosso. Tenho logo a
impressão de uma enorme cabeça de urso
domesticado, cujo focinho (representado pelo
farol vermelho) até a argola do domador.
Acima do farol vermelho, vê-se as luzes da
fortaleza. No recanto e no fundo, vislumbra-
se a cidade e no ancoradouro as silhuetas
dos vasos de guerra.

Recebemos hoje o nosso armamento. Já agora sinto como que enquadrado dentro da finalidade para que vim aqui.

Sei que no front a minha missão será uma das mais espinhosas. Ontem chegaram do front o nosso cmt. e um dos nossos oficiais que tiveram durante quatro dias em estágio.

Pelo que se aprende dos diversos relatórios e relatos, tem-se a impressão que a guerra é nesse front uma guerra de espionagem e guerrilha.

O front atualmente se apresenta tendo num lado os americanos, os brasileiros ao centro e os ingleses no outro flanco. O americanos fazem uma guerra de artilharia. Durante dias e dias batem os pontos a serem conquistados, e só então enviam uma patrulha para verificar se há existência de inimigos.

Se há tiroteio a patrulha retorna e novamente começa o martelar da artilharia. Por outro lado, o alemães têm ciência da inutilidade de uma resistência feroz e não oferecem-nos combate aberto. Daí, a guerra reduzir-se à patrulhas, que compreendem: de reconhecimento, para verificar se há inimigo em determinado ponto. De combate que vão fortemente armada para oferecer combate; para fazer prisioneiros, isto é, aquelas que se destinam à captura de inimigos para prestarem declarações.

O alemães em retirada é sempre na defensiva, ocupam pontos dominantes sobre as nossas linhas de maneiras que, muitas vezes, torna-se difícil o reabastecimento e suprimento de nossos pontos avançados que estão a 18 Kms. das linhas americanas e inglesas, em direção norte. Essa vantagem oferece aos tedescos oportunidade para atirarem-nos até por detrás. Existe uma célebre passagem a da ponte de socorsa, que os artilheiros alemães batem toda vez que passa um veículo. A sua largura e segurança exigem dos motoristas grandes perícia, e rápida passagem. Houve grande número de feridos nesta passagem que é inevitável por ser a única. Os pontos mais avançados ocupam aldeiolas, e o combate da patrulhas muitas vezes se dá nas ruas.

Conta-se um caso, que se deu no primeiro encontro dos nossos com os alemães. Por já estarem acostumados com o processo norte americano, que só toma uma localidade depois de abandonada, mesmo assim retiraram-se logo após, os tedescos de uma vila foram desalojados pela artilharia brasileira.

duas horas após a nossa infantaria ocupou a totalidade, e, contra o nucleo americano, lá permaneceu. A noite, despreocupada entra em localidade uma patrulha alemã para abanhar galinhos e porcos para o almoço do dia imediato. A sua surpresa foi tamanha, a nossa também, que não somente por aprovação de um dos nossos atiradores não foi presa em sua totalidade. Mesmo assim um alemão foi morto e 4 outros feito prisioneiros.

A transmissão tem sua importantíssima: O único meio a ser empregado é o telefone que substitui o rádio mesmo nas patrulhas. O rádio, nessa região montanhosa não funciona de maneira alguma. Um "dos" trucks que os alemães empregam para tirar prisioneiros nos. — e justamente o de apanhar nossas equipes telefonicas. Contam os nossos rinhos que, disfarçados em frades, freiras e mulheres, e põem-se de emboscada. Os alemães empregam com grande pericia o seu famosissimo morteiro 88, que os nossos já apelidaram de "cachorrão" e a não menos famosa metralhadora que faz 1200 disparos por minuto. Mais parece um trapo de pano ao se rasgar, eis a razão pelo qual os nossos rapazes chamam-nos de "kurdinha" a costureira. No front todos os nossos soldados se transformam, dizem todos que lá vão. Não se cogita em dormir nos seus pontos, nem se tem preguiça de carregar mais peso, pois sabem que é uma a mais, garantia de vida. A alvorada é dada às 4½ pelo coro conjunto de artilharia inglesa, americana e brasileira. Às 7 hs temos o café servido à "gromonica" réplica de 105 e 210. e escho rão; o mesmo se dá na hora do almoço e do jantar. Existem as cidades-Terra-de-ninguem onde vamos passear, e lá também vão os tedescos. Infelizmente não nos foi possivel um tête-a-tête, que sempre procuramos, mas constantemente levamos o bolo.

O primeiro insucesso, aliás, uma bela vitória que se tornou em quasi que um grave desas-
tre se deu na noite do dia. O primeiro bel do
6º Escalão Tático, fizera uma bela conquista de
um determinado local. Porém, por uma impre-vi-
dência que não se pôde apurar, ou nós não chegamos a
saber, falhou o ressuprimento para todas as
cias, que estavam em primeiro escalão. Neste interim
houve um forte contra-ataque por parte dos tedescos
com tropas SS. Todas as cias. resistiram até o último
cartucho para depois conseguir, dentro daquele inferno,
uma retirada que poderia ter ai tornada numa verdadeira tragédia. Soldados por pelotão de voi atirando por dentro um campo de minhas verdadei-
ramente, só por um milagre, conseguiram
passar pela estreitíssima passagem deixada pelas
alemães. Em seu pelotão, perdeu-se o of. comd.
e seu sgt. auxiliar. Dois cpl. e um tenente, com
dois soldados ficaram preso dentro de uma casa.
Os alemães do andar superior, atiram-lhes granadas de mão pela janela adentro. Após, terriveis minutos os of. conseguiram escapar, ati-
rando-se por uma janela, enquanto que
o 2 soldado não lhes pouderam seguir um
sold. de arma branca, levou um tiro da face
que lhe arrancou metade do rosto. O outro, um
pretinho, escondeu-se em um armário e li
ficou durante todo o dia, a noite, até o escurecer da noite seguinte quando ouviu passos
pesados dentro da sala. O pretinho, sem mais
ele, estava e resolvido a escapar se aprece no momento quando, abriu-se a porta do armário e
ele deu de cara com um big alemão. Ambos
ficaram esturricidos por um segundo.
enfim, o pretinho foi seguro, esmurrado e
chutado pelo tedesco que chamara a si
os seus companheiros levaram o pretinho
com essa grande fúria, (aliás os pretos estão.
am assustando os alemães que lhes teem pavor pela causa dos marroquinos.) Insistiram
para que ele atravessasse uma rua,
porém ele vira ao longe uma durdin
bra. Para enchirar, com um rapi-
do movimento foi à frente e tornou
tona em direção contrária, ligeira-
entelu em direção à metralhadora. O
atiradores ficaram impossibilitados de
abrirem fogo, que atingiria seus companheiros. O negrinho aproveitou a confusão
e disparou pela arroio abaixo, rodando
que nem uma bola. 2 horas depois,
já considerado beraida a 2 dias, apresi
que em sua companhia. Houve segundo
varias vezes baixas de 2 of. e 1 sarg.
alguns sold. muitos feridos, porém
conseguiram-se safar 3 cias. que esta-

vem praticamente cercadas.

Hoje, 7 de novembro, recebemos a visita do general Z que nos disse que dentro em pouco dias partiríamos para o front. Soubemos que o nosso front será Bolonha — onde a luta está mais renhida. Nosso btl será o primeiro a ser empregado, e a nossa "esquadrilha" estará em ação brevemente. Já recebemos ordens para "encaixotamos" para partir a qualquer instante, porem nada sabemos bem onde e quando.

O cpt. X, homem a quem todos nós sabemos ser o mais "humano" de todos, disse-nos que ele tinha dito ao nosso chefe, que todos nós estaríamos conscientes da nossa inferioridade técnica, porquanto nem ainda recebemos o material que iremos empregar, quanto mais conhecê-lo. Disse mais que além desse desamparo, deixam-nos ainda sem o apoio moral de recebermos notícias de casa, de quem tudo nos escondem. Todos temos a impressão que o de baixo já apitam muito o olho do pessoal de cima, porem esses parecem ansiosos para se atirarem à luta. Teremos que enfrentar tanques, dos quais nada sabemos. Minas, que nunca ao menos vimos. Aviões que nem mesmo conhecemos. Empregaremos armas que mal conhecemos, porem que vem a serem de qualidades militares inferior às nossas brasileiras; o material técnico é deficiente ou nenhum. A frente é o inimigo, é a pior, onde a luta é mais tenaz, onde as dificuldades geográficas e climáticas serão maiores, e onde o inimigo defende mais tenazmente em tropas, germanicamente nazistas, experientes, fanáticos.

Em sucessão dos fatos, passamos ainda por
uma fase preparatória um localidade de lade-
cota. Aí, o cenario se assemelha em grande
parte ao front, em relação a topografia local.
muitos morros; porisso a pouco a instinção
de foi se intensificando, até mesmo aos domingos. Trabalhavamos a noite, pela manhã
e a tarde. O clima era rigorosissimo. muita
manhãs, tinhamos a agua de nosso can-
tris incgelados. O banho passou para um
plano muito inferior. Durante todo o
tempo de instinção nesse setor só tomei
um banho, assim mesmo por partes suces-
vas. O local era muito aprasivel; oliveiras,
astanheiros, vinhas, e bois pequenos, com quem
eu conversava. O vinho sempre bom, quando
em pequenas quantidades, porem, quando
em pouco excessivo, sempre causando
transtornos fatais.

Mas um dia chegou, quando tomamos um infindavel combóio de caminhos e tomamos direção Norte. Passou-se
por belissimas estradas, e inumeras
localidades, tais como Radicata, Filetola,
Lucca, Capponi, Faccotti, Antofusco,
Chilsina, montecative, Tericce, mosciamme,
Taravine, Pistoia, Cappostate, Siguorino,
collina, (Serra) S. Pelegrino (bellissima, com
essa toda de vedra, inclusive Telhados) conio
lo, Sambuca, Tarana, valdibura.
Saimos, digo, acontinamos em Borgo
, dell camponele, onte dormi sobre um
colchão

A nossa aproximação ao front estava sendo feita gradativamente. O meu batismo de fogo, considero como tendo sido à 20 precisamente às 6,10 quando ainda estavamos dentro do caminhão, e uma granada caiu a poucos metros de nós. No caminhão escuro como breu estavam 15 homens. Ninguem falava nada. Só se ouvia o ruído do motor, e, em algumas subidas o esforço do motor ao ser acelerado. Vem o barral de block. Uns calava acesso. De repente, Bum. Crach. Um estrondo tremendo e orbito. Alguns comentarios, quasi sussurados, quanto a proximidade da granada. Não senti grande receio. Somente uma sensação vaga, quasi natural. Mais adeante parou-se o comboio, permanecemos parados alguns minutos, até que o PM da ponte de Asarano entendesse com o cmt. do mesmo. Então recebemos ordens para desembarcarmos, no maior silencio possivel. Todo equipamento afastado, para não fazer o menor barulho. Ainda. É um pequeno trecho e antes mesmo de chegar a ponte já tem sob fora os observatorios inimigos. Os veículos que a cruzam fazem a toda velocidade.

A noite estava muito escura.
Passávamos aos grupos, em coluna por
um e a 5 passos um dos outros,
porém, não perdemos o companheiro
da frente de vista. Caminhamos quase
4 horas com aquele peso tremendo as
costas. Já não achava posição para a
mochila. Todo as costas me doía. De
quando em vez parávamos um bocado
no instante para descançar, sempre
abrigando-nos sobre as sombras das
barrancas da estrada. Nos trechos que
não havia corte, deixa-me deitar pela
margem, sobre a lama ainda mole.
Já estávamos desesperados quando nos
apareceu o guia que finalmente
nos conduziu às nossas posições. Muitos
dos companheiros, apesar da ameaça de
clarear o dia e apanhá-los na estrada, deixaram pedras para trás e
só no outro dia chegaram a seus destinos. Nessa noite dormi com o colega
de transmissão, que substitui nas
funções. Dormimos sobre um colchão,
em um porão, em tudo se encontrava: uma velha bicicleta, caixas de
saborosos queijos, palha, bens, galinhas,
carroças, barril de vinho e muitos
soldados. Aqui no front logo se procura apoderar de uma casa onde
sempre se acha uma cama, uma
confortável estrebaria com montes de

feira onde se consegue uma esplen-
dida cama. foi uma noite esplen-
dida, muito melhor que muitas que
tenho dormido. já dormira sobre
colchões de munição, na terra nua,
sobre torca e ... embaixo de
uma barraca, mas nada melhor que
um montinho quentinho de feno.
na manhã seguinte, apesar de
ter sido acordado duas vezes bela ...
madrugada e pelo Cachorrão, estava satisfeito e pronto para assumir as
minhas novas funções que o Rubens
passou com grande satisfação: ia finalmente descansar.
na data em que escrevo estas linhas
já somos veteranos de 4 dias de frente.
Os tedescos já fizeram duas investidas
na nossa frente prisioneiros. Eles ficaram
que houve substituição de tropas mas
não sabem que tropa é, e com quem
estão tratando. Já tentaram dois
golpes de mão para apanhar prisioneiros, e em ambos deixaram
dois sem levar nenhum. Entretanto perdemos dois dos nossos: um em
nossa cia. outro na quinta. Porem
em tão pouco tempo, principalmente por serem a primeira
experiência para totalidade, traxe
muita anedota e patos comicos.

Quando começa a fuzilaria, o que sempre acontece a noite ou quase ao alvorecer, a turma está sempre inquieta e acontece muitas vezes casos cômicos. A "paúra" e o "freddo" traz a turma dos fox-holes sempre tremendo. A guarda a noite é dura. muito postos são isolados e a "paúra" campeia solta.

Acontece que numa noite um dos soldados de Ronda entra em uma casa com o cigarro na boca, fuzil engatilhado e, quando olha a sua frente vê um pequeno ponto vermelho. Rapidamente, quasi que sem voz comanda Alto! quem vem lá'. toda a tremer a luz. O pobre cinha não conversa e manda fogo. Ouve-se o estrépido de vidros partidos. É que o coitado estava no espelho que refletia a luz do seu proprio cigarro. Este fato trouxe muito gralhofa entre nós. outro quiz atirar sobre um cachorro, que lhe pareceu ser um tudesco que progredia em sua direção.

Muita vez é uma gamba ou uma galinha que assusta a sentinela. Outra bola é a questão da senha e contrasenha que é em inglês. Invariavelmente há sempre confusão quanto a confusão assume sérios, para que não atirem nós adotamos as nossas senhas interiores que são sempre: "olha ela aí Waldemar" etc, etc.

Os partizanos: (partigiani)

Aqui chamam partizan, grupos de indivíduos que sem pertencerem a exército algum combatem irregularmente o alemães. Eles prestam grandes serviços, como guias de patrulhas, pois conhecem a região, falam a língua local e são muito valente. São na sua grande maioria homem muito jovens, de 15 a 22 anos, de compleição robusta. Sobem esses morros incriveis com uma facilidade incrivelmente grande.

As patrulhas e as galinhas (penras)

Muitas vezes, a noite, de ambas as partes são organizados pequenos patrulhas que se destinam, não a fazerem prisioneiros, a reconhecimento ou a combate, nos, sim senhor, a apanhar galinhas. Certa vez, os nosso pessoal após um dia bem tormentoso organizou uma patrulhasinha da "penra" que partiu em direção à uma pequena cidade de ninguém. Porem, para infelicidade tambem os tedescos tiveram a mesma ideia e para lá tambem partiram. Qual não foi o grande espanto de ambos

ao se encontrarem no meio da rua.
foi tiroteio, houve feridos e efetuou-se
prisioneiros, porem, como a couza
estivesse quente ambas as partes se
retiraram apressadamente e deixaram
as galinhas em paz.

A nossa primeira semana de front.
Inicialmente, o front para nós, marinheiros
de primeirissima viagem a frente é bastante
comorada. tocorre ainda o fato que estejamos
em defensiva, sendo essa a ideia primor-
dial. Ocupamos as posições tomadas pelo
pessoal do 6ºRI, que por outro lado já a
herdou dos americanos. Estamos na contra
encontra de uma serie de elevações, dos
quais o tedesco ocupam os pontos mais
elevados, inevitavelmente. O ponto de
vista é o dominio e a segurança de
Rota 64, principal estrada de acesso á
Bolonha. Pois bem, no dia 20 de novembro
ás 3,30 da tarde, deixamos a localidade
de Borgo de Caparma onde estivemos acantona-
dos por 24 vindos de Filetolk. Chovia muito,
e o frio era de amargar, Apesar de tudo
isso suavamos pra xixir pois que cada
um de nós trazia uma carga de uns 40
a 50 kilos. na mochila traziamos uma
muda de roupa de lã, 5 mantas, pano de
barraca e seus accessorios, marmita, e ainda
a tiracolo uma sacola de granada,
cheia de meios, lençer etc. Alem de tudo
isso levavamos nosso equipamento,

completo, material de sapa, armamento,
e um talabart com 120 tiros; capote de inverno, galochas de combate, capacete de
fibra e o de aço, e finalmente nosso
próprio corpo atopetado de roupas de lã.
Descemos todo o morro a pé, pois as
condições atmosféricas não permitia a
subida dos caminhões. Finalmente à
17 horas tomamos o comboio que partiu
em black-out total às 17.20. Éramos
14 homens em cada viatura, em
silêncio completo, sem fumar, sem
ao menos se mexerem. Só se ouvia o
esforço do motor nos subidos e o chiar
dos pneus na lama. Justamente às
18,hs e 10' pouco antes de chegarmos a
ponte de Marano, recebemos a primeira
granada tedesca que caiu a nossa
direita próximo a estrada. Desse momento, considerei-me novamente nascido e
imediatamente batisado. Mas, também
nesse momento começou nosso dilema
A ponte de Marano é em parte desnu-
dada à vista inimiga que a bom-
bardeia sem cessar. Como se avisinhas-
se a hora de prase dos tedescos servi-
rem o "chá", foi-nos recomenda-
dos deixarmos as viaturas para atravessá-la a pé. Assim o fizemos, rapidamente, em coluna por um
ou 5 passos de distância um do
outro. Porem em tão escuro ara

para não se perder o companheiro da frente, instintivamente encurtavamos a distancia para 3 ou 2 passos. Felizmente conseguiamos nosso intento sem grandes aborrecimentos. D'ai até ás vericõe foram as 3 horas e meia mais terriveis que poucos bezer teremos que enfrentar. Foi a marcha mais curta e mais penosa que qualquer um de nós já bez. Foram sómente 4 quilometros que nos pareceu 400. A subida era terrivel e o peso bezia com que descemos dez passos e logo teriamos vontade de descançar. Muitos não ficaram atrás, quer com receio de encontrar tedesco ou por uma boa de vontade ferrea. Eu mesmo tive vontade de largar tudo, porem sempre me lembrava do frio e dos minhos montas. O proprio oflás depois nos confessou que se não bosse ele o cnt teria ficado. Quando baziamos um alto, deixa-me jogar pelas margens da estrada e li ficava tal qual estivesse. Se caia de costa ficava, se de bruços nem me agitava. Não encontramos nosso guia, e muitos se estraviaram e só chegaram aos seus destinos quando lareou o dia.

Assim tomamos vericão naquela mesma noite. Muitos foram diretamente para o "fox-hole". Eu dormi em um porão vde havia de tudo. Moveis velhos, feno, barril de vinho, corroças

vacas, porém, para meu deleite, sobre
algo que desde o Brasil não visa: um
colchão. Partilhei-o com o meu colega
do GERI, Rubens Afves a quem substitui. Até de madrugada estivemos os
dois conversando. O Rubens, alegre,
bonachão, fan de fexes e canções americanas, ali estava dando-me uma
série de conselhos como, um auste-
ro pai. É que o três meses de campanha já lhe havia envelhecido a
cuca e a situações que vivera deram-
lhe muita experiencia. De uma feita
ele e sua turma de teleforista quasi
que estivesse prisioneiros dos tedes
os que lhes armaram uma cilada
Anterior mente já narrei este fato, e
naquele momento falava com o autor
da proeza.
Assim são os inimigos que estamos
enfrentando. O 3º Btl a nossa direi-
te já foi atacado 3 vezes em uma
só noite e a 5ª Cia 2 vezes. No momento o seu objetivo é atacar para fazer
prisioneiros pois que ainda não sabem
em quem estão lidando. Graças a
nós ate agora não conseguiram nada
e, pelo contrario, já deixaram dois
Tambem nós tivemos duas baixas
uma das quais em nossa cia
Hoje, dia 27 de novembro, o nosso
pessoal ao escurecer ouviu ruído de

dor chamando por socorro. já fomos
avisados pelos nossos espiões que são
membros das patrulhas alemãs que
assim fazem para nos atrair: até parecem sereias... é, o diabo é que não somos
marinheiros! Os domingos são comemorados
pelos tedescos com grande pompa. Dizem
até que eles economizam munição durante toda a semana para nos oferecer
gentilmente aos domingos. O último domingo tivemos um cocktail de shrapnel
com granadas do "cachorrão". Parece, quando dão um tiro, a nossa artilharia
dá-lhes o troco com tanta moeda que
o freguês nem pode carregar... A hora-
zinha é sempre empregada a noite ou
de madrugada. É uma espécie de mulher
vampiro...

Os tedescos gostam muito de experimen-
tar-nos, pois segundo informações de
prisioneiro, o seu plano é cançar-nos
pelo excesso de vigilancia. Antes de meia
noite, mudam as patrulhas que di-
zemos: a caça de galinhas. Já se sabe.
Onde houver um bom galinheiro, a artilharia pode valer que há tedesco.
Depois da meia-noite, saem então as
patrulhas mais fortes, com troopers da
SS que procuram se infiltrarem
pelos pontos notados fracos (antes de
meia noite) como eles se estreparam
porque nós os atiramos quando

Tiveram bem em cinco. Entretanto isso não impede que a "panika" nos faça ver alemão bem embaixo do nosso nariz. Outras vezes são os estilhaços e a terra lançados ao ar pelos granadas que ao caírem sobre as folhas secas, dão-nos a impressão de gente rastejando.

A noite de ante-ontem, 27 de novembro foi uma noite cheia de experiencias novas para todos nós. A primeira de que já falei, foi os dolorosos gritos de dor que ouvimos proximos às nossas posições. Apezar de ter havido gente com coração bom em demasia que quizesse ir até lá, foi expressamente proibido faze-lo na manhã seguinte não havia sinal de alguém de ferido pela vizinhança. Tivemos certeza que se tratava de cilada, porque os gritos eram sempre de: "Ai, Ai, venham cá!" quando sabemos que um brasileiro ferido teria gritado: "Ai, Ai meu Deus, me acuda! ai."

A segunda experiencia da noite foi nosso primeiro bombardeio pela aviação. Por Deus que foi o meu primeiro momento de panika. O avião picou, e, cá debaixo, em uma escuridão tremenda, ouvimos 4 ou 5 estrondos successivos que sacudiu tudo. Alguns vidraços da casa do Romanelli se partiram, e as portas sacudiram.

Imagino como não está agora a sobre Bolonha. Vais agora, ás de madrugada, e, quando acabo de render os postos de ronda, ouço perfeitamente o continuar que vem desde ás 7hs. da noite. De quando em vez, lá cima de uma das grandes montes da vizinhança Fornaci, vê-se o clarão das explosões dos granadas.

Outros fatos acontecidos ultimamente, teem nos convencidos de que, os alemães, têm conhecimento de sua causa perdida, e que, entretanto, continuam lutando com a mesma moral e com audacia incrivel. Ontem, por exemplo, houve um ataque monstro sobre o 3° Btl., e aproveitando a confusão, uma pequena patrulha de somente quatro homens, infiltrou-se pelo nossas linhas, vindo até a retaguarda proxima ao posto de socorro. Si foram assinalados porque um estava armado, o que denuncio-o, desde que é proibido aproximar-se dos hospitais com qualquer arma. Encontramos também em uma antiga trincheira alemã, um panfleto dirigido ao 241°R.F. pedindo que resistissem a toda mão para que dessem oportunidade aos seus camaradas de outra frente de fazerem qualquer coisa. Pelo panfleto, podia-se notar que atestaram quasi claramente que não mais podiam ganhar a guerra.

As suas replicas á nossa propaganda, feite atravez projetis de artilharia, não possuindo base, pendeu para pornografia e para a imoralidade aberta.

(continua na 2ª pg. a partir desta, de cabeça para baixo b)

pelo fumo dos fogões e lareiras.
As crianças sempre sujinhas e também
seus pais. A guerra poderá justificar
a falta de roupa e sapatos (cujas solas
são quasi sempre de pau) porém
não justifica a sujidade. A comida
quasi sempre é a polenta com galinha, bata
tas, comem sem organisação, as vezes 2
pessôas no mesmo prato, espalhados pela
costa. Nas grandes cidades, com excessão
para os restaurantes, é bem semelhante.
As ruas das grandes cidades, as casas
burguesas são coladas, sem preocupação de
jardim ou passagem lateral. Existem
no entanto belos vivendas cercados de
muros, estilo florentino, e com outros
belos motivos, sempre adornado com
belos ciprestes!

O dia de hontem foi particularmente triste. Creio que teremos muitos iguais durante os tres proximos meses.

Foi longo, embora que sem chuva, triste, muito frio e lunescente. Durante o dia, tudo calmo, apesar de não relaxarmos a vigilancia. As horas parecem que se arrastam, e, não estando de serviço, não se sabe o que faça. Passei grande parte da manhã proximo à leira do Joseph Romanelli um camponez italiano, cuja casa fizemos nosso PC. A snra fez-nos, pelo menos eu vi pela primeira vez, a fabricação do spaghetti e o macarrão, naturalmente pelo processo primitivo. Ontem estivera vendo fabricar oleo e vinagre. Muito interessa. A familia é numerosa e possue varios bambinos, todos vermelhos e alegre. Tem duas garotinhas, Rina e Ana, de 10 e 8 anos que são dous louvinhos lindos. Aproveitando a oportunidade, vou deixar aqui a minha impressão das habitações italianas. A não ser uma habitação de rico, grandes palacetes, a habitação do burguês, quer na cidade ou no campo, têm sempre presente uma cousa: a falta de higiene. As janelas e portas são estreitas e pequenas, aliás, explicavel devido ao clima. Consequentemente o interior é escuro, as paredes sempre enegrecidas

Os partizanos continuam a ser para todos nós todo o centro de nossa curiosidade. Quer pela sua vida aventureira, quer pela sua historia e seus antecedente, o partizan é um idolo. Agora o nosso PC está constantemente cheio deles que nos veem visitar e são, amavelmente, convidados para a "chepa".

Já lhes demos peças de vestiario, nossos enfermeiros fizeram-lhes curativos, e eles sempre gratos contam-nos suas aventuras, prestam-nos informações valiosissimas e se oferecem para conduzir nossas patrulhas.

O partizan nada recebe do governo, e vive exclusivamente da pilhagem de seus raids ás linhas inimigas. Os comandos aliados sempre os utilizam como guias de suas patrulhas, e até mesmo as Cia. tomam-nos em suas fileiras. São conhecedores de todos os montes, cominhos, vales, picadas (mulateira) i é., todos os recantos da região. Se organizam aos bandos (brigada) sob as ordens de um chefe. O nosso exemplo é a B. Garibaldi, sob as ordens do Partizan Pippo; vivem em uma vivenda atraz de nossas linhas, todos trabalhando, e sempre aos domingos, bailando. Organizam suas patrulhas, para espontaneamente apanhar armas, informações ou matar tedescos. Todos disputam a ida, o que se processa sempre a noite ou a madrugada.

como já disse, teem entre eles, os partisans-crianças, de 14 e 15 anos que, se infiltram nos linhas inimigas, de calças curtas, brincando, porem sempre observando. Outros teem uma indumentaria civil por baixo de sua vestes semi-militares.

Os partisans cada qual tem o seu caso, sua historia.

O Renato, por exemplo, um bonito rapazinho de uns 24 anos, teve toda sua familia exterminada pelos tedescos, a mando dos facistas. Teem-lhes um odio tremendo, e soube-lo dizer-nos que já perdeu até a conta. É um bufão, como dizem seus camaradas. O Lungo, gigante de 19 anos, usa como arma individual uma lourdinha alemã, que ele dispara sem reparo, como se fôra uma carabina. A tiracolo trazem verdadeiro cola de granadas e munição.

De uma feita atacaram uma patrulha alemã, que na ocasião pilhava galinha. Começaram a atirar com fusil e a "lourdinha" e os tedescos, pensando tratarem de amigo se aproximaram. Enquanto alguns elementos (para cercar algum braço) deixavam sua armas de entre elas uma lourdinha, os dois garotos roubaram-lhes a metralhadora

A morte de um boi!

Na Itália de agora, em pleno inverno, o "asino" e o "bue" são dois animais que são tratados com tanto carinho como um ser humano. Os "sfolati" geralmente logram trazer consigo esses animais, que são alojados nos estábulos, tão seguros como numa casamata. No outro dia, uma granada dirigida ao nosso P.C. atingiu um desses estábulos atingindo um desses animais. A princípio desconhecíamos tal fato, depois, começou a aparecer pela redondezas grande número de paisanos que nos deu trabalho fora de comum em interrogá-los. Foi então que apuramos o fato. Todos vinham comprar um pedaço de carne. O que nos espantou sobre maneira, foi ter vindo gente de cidades longinquas. Como tiveram conhecimento do fato? Como? Não sabemos!... Eu a pensar com meus botões: diabo! O sistema de Transmissões dessa gente é melhor que o nosso, com todos o rádios e telefones:...

O pracinha brasileiro na Itália, e a assimilação dos costumes, principalmente de vocábulos...

Melhor que ninguem, podem falar os que vivem realmente entre italianos como nós, o pessoal do front. A crônica que transcrevo a seguir, fala bem claro como o "pracinha" adquiriu um vocabulário estranho, que certamente,

estará dando "Tratos à bolos" de suas
forçentos para elas decifrar as cartas...
cartas do Brasil.

(A noiva do Severino)

Cabo José César Borba —

Severino Dias é artilheiro, municiador de um
canhão 155. É também noivo em Passa Qua
tro, de uma moça chamada Maria da Con
ceição. Quando severino foi sorteado, ha três
anos, conhecia apenas Passa Quatro e as suas
letras não iam além das 8 que formavam
seu nome, esses mesmos garatujados de
maneira irreconhecivel. Ha seis meses
Severino atravessou o oceano: viu Capri,
Nápoles, Pompeia, Cassino e Roma, que tanta
gente bôa, no Brasil, vive sonhando de
ver. Veio para o front, cobriu-se com
a neve dos Apeninos, forrou os pés com
feno que lhe deram os paisanos, e cal
çou as galochas por cima. Aprendeu
italiano. Não fazia nenhuma pergunta,
sem se certificar: capito? Alemão ago
ra é tedesco!, e do tedesco Severino
não tem pausa...

Conceição escreve a Severino, quasi
duas cartas por semana. Mas as cartas
de Severino, que chegam com regulari
dade, nem sempre podem ser decifra
dos. A principio o trabalho era só decifrar
a letra: coisa em que o escrivão de Passa
Quatro já ia ficando prático.

Agora, além da grafia, ha certas palavras que Conceição não pode advinhar,
e o escrivão de Passa Quatro não pode
explicar.

Perguntou se o noivo sentia muito frio e
se necessitava de uns agasalhos. Severino
respondeu "niente" bisonha de agasalhos.
não "bisonha." O exercito paga até roupa
de mais, que a gente não sabe como
"portar". Conceição que, a princípio, era
"minha nêga", agora é "minha "fidanzata"
Ela estranha essas coisas: "Severino Tá
não é mais o mesmo". Usa palavras tão
difíceis! Tou gostando. Até o escrivão,
que sabe tudo, não te entende. Quero
que voltes de pressa para mostrar ao
povo como tá agora."

O povo de Passa Quatro aguarda
Severino. Conceição, no dia de sua chegada,
vai preparar para o heroi um autentico tutú á mineira, pois sua mãe
é do sul de Minas. Severino chamará
tutú, de "mangiare", e isso acrescen-
tará ao prato novos condimentos. Na
carta de 11 de Outubro, a noiva já
lhe prometeu que o regresso será
comemorado assim: "Eu sei que tú
é louco por tutú".

Agradeceu a ídéia, e reafirmou: "Dopo
la guerra sposo voi". Conceição entendeu
a penultima palavra (graças á argucia
do escrivão) e mandou muitos beijos para
Severino.

A intriga. (O cabo José Gusmão pede-nos
protestar contra o serviço Postal, a proposito
de um telegrama recebido de sua esposa)
Recebemos a visita
Do cabo José Gusmão
Pra nos pedir o obseguio,
De uma reclamação.

Trata-se de um telegrama
Da sua cara-metade
Com estas breves palavras:
nasceu menino. Saudade".

— Ora (diz o nosso amigo)
Que houve engano é evidente,
Pois já faz bem mais de um ano
Que de casa estou ausente...

Pede que ataque o Correio
De maneira crua e feia
Pra que o engano não repita
De aumentar a prole alheia.

Tomamos as providencias.
Tratamos de averiguar.
E eis aqué a resposta
Que nos pedem publicar:

"Engano houve, estamos certos,
Mas não é cá da Secão.
O correio não se engana
— O enganado é o Gusmão"

(The man after the war)

You say good night to your friends and
know that tomorrow you will meet ~~them~~ again
sound and safe as you will be. It is not like
that. where you will be. It is not like that
where your husband is. There are the comrades
closer in friendship to him that you can ever
be, whom he has seen comic or wild or
thoughtful; and then broken or dead. There
are some who have gone out with a wave
of the hand and gray obscenity, and have
never come back. we do not know such
things; prefer, and wisely, to close our
minds against them.

Certainly I do not mean that life is soft
going to your husband is at least at
sea away. worry walks with you by day
and you lie with anxiety by nights
loneliness gnaws your heart like a great,
gray rat. You do not grow used to this
half-a-life you are left with. You do
not want grow used to it.

But still, you are snug against cold
and shaded against heat; water runs
at your biddings, lights leap to your
touch, your clothes are clean against
your clean body, you stretch between
linen through the safe and quiet
nights. Those are only physical benefits, of
course. But it is probable that you could
not guess high enough as to what
your husband would give to have

there now.

John & steinback's.

There are really two wars. There is the
war of maps and logistics, (of course)
of campaigns, divisions and regiments —
and that is Gal. Marshall's war.
Then there is the war of home-sick, war
weary, funny, violent, common men,
who wash their socks in their helmets,
complain about the food, whistle at
girls, and lugs themselves through
as dirty a business as the world has ever
seen and do it with humor and
dignity and courage — and that is
Ernie Pyle's war.

Ernie Pyle's self opinion:
The thought of it gives me the willies. Ins-
tead of getting used of it, I become less
used to it. I am much more afraid
of a plane overhead now than I was
during the London blitz, or even
during our early dive-bombing days
in Africa. With those four narrow squeaks
at Anzio (a bomb blew in two walls
of a room where he was sleeping) coming
after a year and a half of sporadic
squeaks. I have begun to feel I have
about used up my chances"

I've been part of the misery and tragedy of this war for so long that I've come to feel a responsibility to it. I don't know quite how to put it into words but I feel if I left it would be like a soldier diserting.

As patrulhas.
Ontem li as notícias publicadas pelo "Star and STRIPES" sobre a frente italiana só vê algumas linhas referentes ao movimento de patrulhas. Para uma pessoa que está algumas centenas de milhas de distância, para quem nunca viu uma delas, não conhece o teatro de suas operações — certamente não pode avaliar como é exaustiva, dura e como requer fibra de seus homens.

Muitas vezes a patrulha recebe ordens de trazer um prisioneiro, de qualquer maneira. Designam o local de suas operações e dão-lhe um determinado tempo para realizarem seu trabalho. Então, desenrolam-se cenas que parecem mais ficção, ou alguma sequência de um filme cinematográfico.

Na nossa frente existe um local P, que é considerado terra de ninguém. É seu dono aquele que li chegar primeiro. Organizam-se as patrulhas, estudam-se seus efetivos e armamento; o local e previamente estudad os seus caminhos de acesso, as cenas tão ensaiadas como num teatro. Á hora H, saí o "serviço" ou "procissão". Todos de capa branca confundindo-se na alvura imaculada da neve.

Aproxima-se do local; a tensão de nervos é enorme, pois nunca se sabe que eles já não estão lá. A cada momento espera ouvir a "kurdicha"! Chega-se; com todas as precauções as coisas são vasculhadas e ocupadas. Está apanhada a arrapusa! Tóca agora esperar que venham os tedescos...

Tem-se tudo preparado — corda, colete, enfim tudo. Há dentro de casa, em uma sala escura e fria, sem poder fumar nem sequer tossir fica todo o grupo a espera. Muitas vezes chegam lá ao escurecer e novamente vem o sol nascer. Outras vezes, não chegam até lá, outras vezes voltam com a sua coisa, e, também voltam deixando um ou mais companheiros.

Assim é a vida do soldado que está na frente italiana. Quando não está em patrulha, dentro das linhas inimigas, está no seu foxhole, rodeado de neve, batendo os pés de encontro para aquecê-los, tossindo às queimas em vez dentro de suas grossas luvas, para apagar a sona.

E quando desponta o dia, está ele sempre alegre, palrando italiano com os paisanos, rachando lenha para o seu foguinho, no seu posto observando...

Todavia, também têm seus momentos cômicos. Uma feita o nosso soldado N. que fazia parte de uma dessas batulhas chegou com seus companheiros até as linhas inimigas. Enquanto o sargento discutia com o guia sobre o caminho a seguir, deu ordem a seus homens que se abrigassem dentro de buracos de granadas de artilharia, para se recoverem contra as rajadas de metralhadoras que passavam ameaçadoras sobre suas cabeças. Constatada e cumprida a missão, pouco tempo depois o sargento reune seus homens e retorna ao caminho de nossas linhas. Em dado momento um sente dos soldados de ver falta do seu companheiro N. Param! confabulam e resolvem retornar ao ponto para trazerem o companheiro, quer esteja morto, ou ferido, ou prisioneiro! Resolvidos, se infiltram novamente nas linhas inimigas vencendo mil dificuldade. Esco! eis que chegam aí há está um vulto branco

dentro da "buca" escura de um
105. Aproximaram-se e constataram
que o sold. N, resona estrondosa-
mente nos braços de Morfeu!...

ví o Castelo pela segunda vez...

naquela noite em Porréta, cidade do
banho, cidade do terror, recebemos
ordens para estarmos preparados, pois partiríamos a qualquer momento.
Ha muito dias, estavamos conforta-
velmente instalados na via Roma 8,
em um quarto com cama, espelho,
aparador, luz elétrica, e, roubando,
com um T, rádio por intermedio
do telefone. Tudo arrumado, separado
armamento limpo, esperavamos
uma missão especial. Por maior
segredo que se faça, sempre transpira
algo por intermedio de um motorista, de um ordenança... E a cousa,
todos sabíamos, seria CASTELO.
novamente, o bastião que se tornará
para a FEB motivos de vida e morte.
Seria o 8º assalto.
As três horas da madrugada, encos-
taram-se os caminhões, silenciosos, quase
vultos. Já agora o nosso pessoal está
afeito à essa espécie de trabalho,
e já se fez tudo em silencio, sem
voz. sem ruído. A cidade está toda

em "black-out". Está feio, e o "fog" está presente. Embarcamos em silêncio. Partimos. Chegando a Sila, tomamos a esquerda, pela estrada que vai a Gaggio montano. Ha muito movimento de visturas americanos.
Levamos quasi duas horas esperando em uma ponte derrocada que o PM, desse sinal para que avançassemos.
Agora atravessamos um pedaço batido pelos canteiros tedescos de Castela e de Belvedere. Nova partida, nova parada! finalmente, em silêncio chegamos a Crociale, onde em um palheiro, dormimos algumas horas. As 9horas da manhã, fomos despertados por um tremendo bombardeio, que pouco a pouco foi se acercando de casa, e finalmente atingindo-a. Como sempre, em tais ocasiões, ficavamos em suspenso, esperando pelo infernal assobio, ansiando pela proxima granada para termos a certeza que não seria a nossa. Finalmente uma atingiu o telhado, perfurando-o, porém, por sorte nossa não explodiu. Essa, o suficiente Todo mundo procurou abrigo fora da casa, na cantina, em qualquer buraco. Na cantina, na proximidade de sempre, 3 familias, e uma senhora em estado interes-

quase, no momento critico. Para um pelotão o essencial, duas vacas com o seus respectivos bezos, e petrechos de lavouras, dependurado pelo teto, ameaçadoramente em movimento de vae-vem, a cada explosão. Cada jeep que passava pela estrada, éra serenado pelas granadas. Na noite anterior a Div. de montanha Americana, tomara o Mte Belvedere e era grande o movimento de ambulancias, jeps e caminhões. Começam a passar os primeiros prisioneiros, face livida e imparcial. Prussianos os 26 gitimos.

Assim passamos um dia entocaros, com cerrados bombardeios a cada movimento. Alimentaramos de rações K. A expectativa era grande. A noite dormi na cozinha, ao lado do fogão. Fazia frio, e a temperatura do fogão sempre ajudou. to O dia seguinte passou-se em preparativos, reconhecimentos. Já não havia mais duvidas. Lá estava o Castelo, em pavôr, desdenhoso. Reconheceu-se os caminhos para aproximação que seria feita á noite.

Nos ultimos instantes o Cptã. ditou-me as condens de combate.

que seriam destribuídos aos comandantes de Pel. Todos estavam confiantes, confiança invocida talvez da vitória americana, e dos tremendos bombardeios que sofria o odiado monte. Durante todo o dia, não se podia conservar os homens abrigados. Queriam todos ver o bombardeio que nossos aviões faziam, as belas picadas dos caças e as rajadas de suas metralhadoras.

Às quatro horas da madrugada de partimos coluna por um a subir pelas encostas. A cada passo uma granada que caía, fazendo-nos atirar ao chão, com todo o peso do equipamento. Tudo isso com a preocupação de não perder ligação com os elementos da frente, pois somente os oficiais sabiam o caminho a tomar. Até o momento em que não tomou conhecimento com os lusdinhos, foi tudo bem. Porém, chegou o momento de passamos a crista e mesmo à noite, desenhar-se de encontro o céu a silhueta da coluna. Começaram passar os primeiras rajadas de fracantes, seguidas de morteiros. Nesses momentos, não faltam aqueles mesmos controlados que se atiravam com toda força contra ao sôlo á qualquer movimento, inocluisando-se alguns vezes, perdendo peças de seu material. Alguns até rações jogaram fôrra. Todavia, até hoje ainda lembramos daqueles amargos momentos e ainda de suas passagens mais corridas.

Finalmente chegamos à casa de Guanela, proximo a Castelo, porem incoberto dos recesso da devoção.

A'tarde deslocamos para Guanela, que apresentava-se destruida, suja. Em outros tempos devia ter sido uma alegre vila, com um belo poço no centro. Porem agora, tudo deslocados, sujo, cheio de peças de equipamentos, restos de rações, tudo denotava a presença de tropas, de varias nacionalidades. Finalmente no dia 21, nessa mesma tarde, às 4 1/2 da tarde nossa bia que com o Batalhão estava em reserva e que teria a seu cargo o assalto final, foi lançada ao ataque. O III Btl, com a 7ª bia, se encontrava detido em c. Vitelive. No PO de Guanela, presenciamos os soldados deitados na encosta, procurando se abrigarem, e, constantemente hostilizados. Partimos para o ataque dois

Pelotões nossos. As nossas metralhadoras, morteiros, apoiaram-lhe a progressão. Passaram a Vitória, e pelo rádio, íamos seguindo a cada passo os elementos mais avançados. Às 6½ já não podiam progredir mais e grande era o nº de feridos. O 1º Pel. teve que retrair com seu cinf. metralhado, quando já a 5 kms. de uma comunalé. Havia soldados que penetraram nos campos minados, pereciam então tocando nos infernais booby-traps e minas. Já estavam, nas mesmas raminos, nas mesmas posições, os nossos saudosos companheiros de 12 de Dez. O Sampaio, ainda com a sub. metralhadora na mão, o sold. Waldemar, com a mão crispada, procurando ajudá-lo. O Luiz Rodrigues e os demais, todos nas mesmas posições, com suas armas e objetos de uso, porem ao seu derredor, os impiedosos booby-traps. Muito tempo depois, ao serem recolhidos os seus despojos, quem passasse pelos campos minados, por estreitos caminhos limpados pelos sapadores, podia ver, pás, picaretas, cintos, capas, ensanguentados e perfurados pelos balas dos bandidos. Eu, e vários

companheiros recolhemos varios objetos, copacete, uma fúnebre e
tédiosa colheita.

Naquela noite, depois de se ter
evacuado os nossos feridos, o
combate se podia sentir em tôr-
no de todo o monte. O III Btl,
conseguira passar as primeiras
defezas. O nosso 2o Pel iria reforçar e apoiar o nosso 3o que
não conseguindo progredir
ficára operado ao terreno.
Todavia, era imperioso que se
mantivesse uma ligação com
êste pelotão. Assim à meia-noite,
procurando furtar-me aos raios
de um esplendido luar, saí
com os dois telefonistas para
levarmos o cabo até as suas
posições. O terreno não oferecia
abrigo algum, a não ser uma
frágil cerca-viva na "vinhateira"
que nos poderia abrigar dos
vistos de nossos inimigos. Quão
enganado estava, e tão mais tarde
constatei. Um a um, procurando
distanciarmos o mais possivel,
aos lances, e ao mesmo tempo
procurando sentir a presença
um do outro, lá fomos nós,
pela vinhateira, contornando o lago
gelado e em direção ás ruinas e

os campos minados de C. Vittiluie.
Subito começou o canivneis infernal. Cada metro de nó que
desenvolvamos, á cada "crock-crock"
da bobina, lá vinha uma granada
que assobrando vinha enterrar-
se na terra broxa e úmida.
Já tinha todo o corpo enlameado
de me atirar ao chão e á lama
gelada, que procurava aninhar-
me, colado inteiramente ao sólo.
Ti agora as granadas explodiam
em impacto direto contra as
paredes de Guanela, e explodiam
em fantasticos nuveiros negros.
A explosão causavanos choque terriveis, os chiados das granadas,
escangalhava-nos os nervos. A
cada momento via-me e espera-
ser esquedaçado pela terrivel 108.
Dando luntes maiores, mesmo
correndo riscos de ser visto, procu-
ravanos afastar de Guanela;
vimos a granada que penetrou
por uma janela e foi explodir
dentro da sala de cual. de bc, deixado em estado de choque o Sgt de.
Transm. Deitados no chão,
curvados, presenciavamos a
poucos metros aquele bombardeis
tremendo. Depois, procurando
esquecer tudo aquilo, viramos-lhe

a costa e prosseguimos o nosso trabalho. Ao passarmos pela ruina de C. Vitelino, veio-me o receio de uma emboscada; deixando a bobina no sôlo, dividimo-nos em dois grupos ... e procuramos envolver-lhes. Havia um grande campo a atravessar, e nada nos havia dito a respeito de minas naquela região. Era inevitável a sua travessia. Com um frémer de nó na garganta e pisando como se tivesse atravessando uma planície de ovos, encarquei numa linha tele, procurando demarcar o melhor caminho com o fio telefonico. Finalmente atravessamos sem grandes novidade e constatada a segurança das coisas, contornamos-la é mais facilmente encontramos os pra-holes de nossa gente.

Minutos depois, do alto e da esquerda de Costilo aparece um very-light vermelho

"O caso Cueio"

Havia alguns dias que a companhia tinha tomado posição acima de Tamborini, na crista N.W. de Sassomidare e E. de Campo de Sole, inclusive.

O primeiro pelotão ocupava a contra encosta da crista, nas posições diurnas e durante a noite, passava a ocupar a encosta de face ao inimigo. As armas automáticas tinham a missão de bater a estrada no vale, a ravina imediatamente abaixo. Ali estava o ponto provável para infiltração de patrulhas inimigas. A encosta era assim íngreme e os fox-holes dos praças em forma de uma grande ferradura, olhavam diretamente para o fundo do vale.

Certa noite, recebi ordem do cap. para colocar um telefone em um determinado fox-hole, na extremidade esquerda do dispositivo, ocupado por um soldado recem chegado do depósito, recruta no front. Após ter instalado o aparelho, deixei o no fundo do fox-hole, e dei-lhe as necessárias instruções para operá-lo. De madrugada, fazendo um chamado usual para ver se todos os postos estavam alertas, o Ten. ~~sem~~ chamou repetidas vezes, aquele

posto sem receber resposta alguma.
Já começamos a inquietar, prin
cipalmente em que teria de
ir até lá para reparar o cabo.

Roteiro da Viagem:

Rio   20-IX-44 largamos. (Rio)

Nápoles 6-X-44 chegamos 10-X-44 partimos

v/ Leghorne (Livorno) 11-X-44 , 12-X-44 partimos

Pisa 12-X-44 (Parte)

Tenuta di S. Rossore 12-X-44 (Acampam.

Filetole 9/X1/44/ 19-XI-44

Borgo Lappane 20-XI-44.

Affrico 30-XI-44 (meia-noite) Prição:

Il Poggio 8-°XII-44 Ataque

Premarola 11-XII-44   Mte Castello 12-XII

(Casa de guanela) retirada v/

Porrèta 13-XII-44

Il Poggio 15-XII-44.

Porrète 22-XII-44   Natal

Riola   7-I-45   Roma 26-I-45

Porrète 30/II/45

Mte Castelo (guanela) b. vitélina.

Gaselina - La Serra e Bella Vista - 938

Mte Belvedere

vidiciatico

Le Borre

bôta 751 e 778 - Mtes Montelo e Buffone

Gastel D'Aiana - vila D'Aiano.

Mte Albano - Zóca

Formigine

Arèto

Sassomaggiore - Castel Arquato.

Piacenza (Milão - Turin - Genova - Veneza -

Firenavola - Modena - Bologna -

Firenze - Cremona - Lago di Como -

Lago Garda e Maggiore -

chiasso, — la spezzia- lucca —
via Reggio —

Album de fotografia do 3º Sargento de Transmissão

DIEL MAGALHÃES